Em busca da fé

Em busca da fé
© 2010 Isadino José dos Santos

Mundo Maior Editora
Fundação Espírita André Luiz

Rua Vicente Melro, 808 – Vila Galvão
07056-110 Guarulhos / SP
(11) 2979-2157
www.mundomaior.com.br
e-mail: site@editoramundomaior.com.br
e-mail: editorial@editoramundomaior.com.br

Julho / 2010

A reprodução parcial ou total desta obra, por qualquer meio, somente será
permitida com a autorização por escrito da editora
(Lei nº 9.610 de 19.2.1998)

Impresso no Brasil

Diretoria Editorial: Onofre Astinfero Baptista / Margareth Pummer
Coordenadora Editorial: Renata Carvalho
Auxiliar editorial: Lilian Ribeiro / Reinaldo Gomes
Conselho editorial: Maria Angela / Elizabete Desgaparri / Marcia Reis
Projeto Gráfico e Diagramação: Luciana Di Iorio
Criação de Capa: Antonio Carlos Ventura
Revisão: Andréia Teixeira

ISADINO JOSÉ DOS SANTOS

Em busca da fé

Mundo Maior
Editora e
Distribuidora
EDITORA DA FUNDAÇÃO ESPÍRITA ANDRÉ LUIZ

Em forma de apresentação

Como não se sentir lisonjeado ao receber o convite de um amigo para fazer a apresentação de um livro seu? Pois é o que acontece comigo, nesse instante, ao tecer algumas palavras sobre a obra *"EM BUSCA DA FÉ"* e seu autor, **DR. ISADINO JOSÉ DOS SANTOS**, um fraterno amigo espírita.

Esse trabalho é mais uma prova de que a fé é o poderoso ingrediente divino que possibilita ao ser humano, como espírito encarnado, pelo seu livre arbítrio, elaborar o próprio destino. Porque, dotado de razão, e partindo do conhecido para o desconhecido, em busca da verdade, vida após vida, suplantando obstáculos e mantendo a fé, o ser humano é o artífice de seu progresso, ou, caso não faça bom uso dos freios morais, poderá estagnar e até precipitar-se nos campos do sofrimento e da negatividade.

O amigo **ISADINO JOSÉ DOS SANTOS**, a quem conheço desde que o mesmo contava 18 anos, é o exemplo mais patente dessa assertiva: é mais um homem de origem baiana – da Bahia – que tem sido o Estado brasileiro que, juntamente com Minas Gerais, até o momento, apresenta a maior forja de mensageiros espíritas, por isso, com humildade e muita perseverança, **ISADINO** pode dar o seu testemunho, mais uma vez, de que "a fé remove montanhas". Em silêncio, esse novel autor fez as vezes da sábia tartaruga – "de vagar e sempre" –, sem temer ou parar ante os obstáculos da vida, contornando-os e continuando sua trajetória, como fazem os rios, entre rochas e montes, a caminho do mar, alimentando os seres e espalhando o bem.

Depois de muitos anos de árduo trabalho e de estudo, com disciplina, amor e respeito aos semelhantes e, mais particularmente, aos membros da família – **Seu Isaac**, o pai, e **Dona Dina**, a mãe, além de vários irmãos de sangue, **DR. ISADINO JOSÉ DOS SANTOS** formou-se em Direito, prestou concurso para Delegado de Polícia e exerceu sua missão como autoridade policial, com toda a dignidade, sabendo perfeitamente a exata distinção entre as *Leis dos Homens* ou *do Estado*, sempre mutantes como os costumes das pessoas, e as *Leis de Deus* ou *da Natureza*, eternas e imutáveis, às quais todos somos sujeitos.

Como bom cristão, descobriu o Espiritismo, essa Doutrina maravilhosa e consoladora, pela qual se apaixonou. Frequentou a Escola Mediúnica e, ainda outros cursos paralelos. Leu as obras básicas do pedagogo francês Allan Kardec e de inúmeros estudiosos, nacionais, como Herculano Pires, Carlos Imbassahy, Deolindo Amorim, e internacionais, como Léon Denis, Ernesto Bozzano, Gabriel Dellane e outros, bem assim livros complementares dos médiuns Chico Xavier, Divaldo Franco e Eliseu Rigonatti.

Juntamente com outras autoridades policiais, passou a fazer parte da UDESP – União dos Delegados de Polícia Espíritas do Estado de São Paulo, criada em 1999, sendo também comentarista do programa "Espiritismo e Segurança Pública", da Rádio Boa Nova – 1450 AM, de Guarulhos/SP, todas as 5ª feiras, às 17 horas.

Graças à sua sensibilidade e sua preocupação constante com a leitura de obras espíritas, bem como a sua frequência a encontros, seminários e simpósios doutrinários, agora como grata surpresa, **ISADINO** apresenta-nos o seu primeiro livro na temática do Espiritismo – *"EM BUSCA DA FÉ"*. Nele, sob vários ângulos, obviamente, trata da fé, levando-nos a um melhor raciocínio sobre esse sentimento que envolve a todos. Mas, afinal, o que significa a palavra FÉ, de que tantos falam e que tão poucos ainda a conhecem?

Esse "sentimento interior que ilumina a nossa mente" e traz a "certeza ao coração" é aquilo a que se chama fé. E esta, se efetivamente passou pelo crivo da razão, e não foi apenas uma repetição de costumes, é o resultado de um aprendizado em muitas experiências, que não poderá se confundir com a ideia errônea de alguns espíritos obtusos – de que "a religião me convém e, por isso, eu creio em Deus". Esta seria a "fé interesseira", materializada, computável em cifras ou em prazeres fugazes, que não se coaduna com o conteúdo desse livro.

Enfim, ler o livro *"EM BUSCA DA FÉ"*, do amigo e espírita consciente – **ISADINO JOSÉ DOS SANTOS** –, é realizar um agradável e confortador passeio pelos caminhos da fé raciocinada – O Espiritismo – e receber um reforço das lições do Cristo, roteiro para o nosso convívio fraterno de aprendizado com os irmãos de provas e expiações terrenas e com os Espíritos do bem. Desfrutemos desse presente.

BISMAEL B. MORAES

(Mestre em Direito pela USP, ex-Presidente da Associação dos Delegados de Polícia do Estado de São Paulo e membro da UDESP)

"Quem nunca teve em toda a sua vida, necessidade de uma fé, é uma alma medíocre."

(Leon Denis)

"A fé é filha da razão, e tem como pai o sentimento."

(José Herculano Pires)

"Para aquele que tem fé, a melhor maneira de matar a sede de vingança, é beber a água da fonte do perdão".

(ISADINO DOS SANTOS)

"Infeliz é aquele que, mesmo conhecendo o inverno, rejeita o abrigo"

(ANÔNIMO)

Nota do autor

É muito comum que a grande maioria dos autores, ao terminar de escrever um livro, peça a alguém, conhecedor da matéria nele abordada, que faça a apreciação daquele trabalho para, em seguida, o inserir em sua obra a título de prefácio ou prólogo. Muito embora seja correta, legítima e até mesmo necessária essa atitude, visto que ela tem como escopo, dentre outros, exaltar o mérito e a personalidade do escritor, não foi esse o meu caso, pois, sendo essa a primeira vez que escrevo sobre um assunto de tamanha importância, por esse motivo não posso – e nem devo – portanto, me considerar como tal.

No começo, quando este livro ainda estava em fase de preparação, veio-me uma inspiração – acredito até que uma orientação da Esfera Superior – para que eu, depois de concluí-lo, procurasse alguém conhecido, um parente, ou um amigo sincero, desde que se identificasse com o tema em estudo, cujos sentimentos de fraternidade entre nós fossem recíprocos, e solicitasse a essa pessoa que, gentilmente, fizesse não um rigoroso prefácio, mas, uma pequena e singela apresentação do trabalho, cuja providência, futuramente, pudesse me servir de incentivo e ânimo na construção de outras obras.

Esse meu trabalho, portanto, como se verá, não obstante ter sido realizado por essa pessoa ainda não versada, nem possuidora de um vasto conhecimento a respeito dos assuntos religiosos, já que está apenas engatinhando no que diz respeito às questões espirituais, foi, em razão da certeza de que, como sempre, eu poderia contar com o prestimoso auxílio dos nossos irmãos e amigos do Plano Espiritual, os quais estão sempre propensos a ajudar quem quer que seja a se desenvolver espiritualmente, contanto que esse desenvolvimento esteja voltado única e exclusivamente para a prática do bem, que consegui confeccioná-lo. Foi, também, fazendo uso da mesma conduta simples, mas honesta, que durante toda a minha vida sempre procurei me pautar, com muita dedicação, esforço, perseverança e, estando ciente da grande responsabilidade exigida para a confecção desse labor, que deliberei escrever essas páginas, as quais foram escritas da maneira mais racional e lógica que me foi possível.

Não houve de minha parte, portanto, nenhuma pretensão de que esta obra se tornasse um "Best-seller", ou que ela me transformasse em um apóstolo do Evangelho, o que seria inadmissível para quem está ensaiando os primeiros passos em direção ao conhecimento da Doutrina dos Espíritos. Não pretendi, tampouco, que ela viesse a modificar a crença, ou o pensamento religioso de quem quer que fosse. O objetivo primordial foi, sim, transmitir os resultados das longas e trabalhosas pesquisas, bem como dos árduos estudos que realizei sobre esse maravilhoso tema, que é **a Busca da Fé** raciocinada, e, sobretudo, para depois, sem nenhum tipo de preconceito, ou discriminação religiosa, poder apresentar a minha modesta opinião no que diz respeito ao valor, e a importância que a verdadeira crença representa para a alma de cada pessoa, cujo trabalho, honrosamente, ora submeto a apreciação do amigo leitor, para que ele, depois de uma atenciosa leitura e de uma minuciosa análise, possa tirar suas próprias conclusões.

Isadino José dos Santos

Sumário

1 – INTRODUÇÃO	17
2 – CAPÍTULO I – A Fé	21
1 – A Fé Inata	21
2 – A Fé Raciocinada	25
3 – A Fé Cega	31
3 – CAPITULO II – A Cura pela Fé	41
1 – As Doenças	41
1.1 – As Doenças Físicas	42
1.2 – As Doenças Espirituais	43
1.3 – As Doenças Atraídas	44
4 – CAPÍTULO III – A Fé nas Leis Naturais	65
1 – A Destruição necessária	65
2 – A Destruição abusiva	67

2.1 – A Eutanásia	68
2.2 – O Aborto	76
2.3 – A Pena de Morte	83
3 – A Lei de Causa e Efeito	91
4 – A Lei do Progresso	103
5 – A Lei da Reencarnação	119
5 – CAPITULO IV – Conclusão	151
Bibliografia	159

Introdução

...Sempre que o meu pranto rolar, ponha sobre mim sua mão, aumenta minha fé, e acalma o meu coração... Essa belíssima frase poética, extraída da letra de uma determinada música de um cancioneiro popular brasileiro, nos faz parar por alguns instantes, para refletirmos sobre as incógnitas de alta relevância, adstritas à nossa existência, quais sejam: por que um homem é triste e outro alegre? Por que um homem é medroso e inseguro, e outro cheio de fé e confiança? Por que um mora em uma casa bela e luxuosa, e outro leva uma existência miserável num barraco de favela? Por que um homem fica curado de uma moléstia considerada incurável, e outro não?[22] e, sobretudo, quanto aos fatos tristes e dolorosos que acontecem à nossa volta, na maioria das vezes, alheias à nossa própria vontade, em todas as épocas, nesse extenso universo, no planeta Terra, nos países, nos estados, nas cidades, nos bairros, nas ruas, nas casas, e, enfim, em cada um de nós, trazendo-nos tantas angústias, tantas decepções, e por que não dizer, tanta revolta e inconformismo. Tudo isso para que

nessa reflexão, possamos compreender de maneira racional e lógica, os desígnios da Providência Divina.

Para aqueles que, muito embora contrariando suas próprias consciências, visto ainda estarem envoltos pelos cobertores da ilusão, e, consequentemente, com os olhos vendados pelo véu da ignorância, em nada acreditam, ou não querem acreditar, principalmente na razão e na determinação de todos os acontecimentos, achando que na maioria das vezes, todos eles ocorrem por força do acaso, ou por mera coincidência, o que não deixa de ser um enorme contra-senso, tais fatos não têm a menor importância nem são merecedores de qualquer reflexão. Para esses incrédulos, não existe nenhuma alternativa a não ser a conformação, pois tudo se resume na obra do destino que foi previamente traçado para cada um de nós; e, sendo assim, de nada adiantará tentar mudar a sua trajetória, já que não viveremos eternamente e, advindo a morte, tudo se apagará, tudo deixará de existir.

Esquecem-se, entretanto, os que assim pensam – talvez por desconhecimento, ou quem sabe, por uma interpretação errônea das leis naturais, principalmente a da causa e efeito – de que nada ocorre sem que haja uma causa. Todos nós somos portadores da faculdade de agir de acordo com a nossa consciência e a nossa própria vontade, por esse motivo, não podemos e nem devemos jamais, responsabilizar o destino por aquilo que nos acontece de ruim, cujos fatos erroneamente chamamos de fatalidade ou tragédia, visto sermos nós mesmos os verdadeiros e maiores culpados por certos infortúnios que se nos apresentam. O abuso da intelectualidade, da sensualidade e do poder, a busca de prazeres e objetivos que não sejam aqueles que o espírito e a boa moral conduzem, enfim, os excessos que provocamos, constituem-se em uma das formas de desafiar a natureza. Sendo assim, tais sofrimentos e aflições, quando nos são infligidos, representam os frutos que colhemos em razão das nossas atitudes; são situações que nós mesmos provocamos. São, portanto, respostas àqueles desafios, e consequentemente, o resultado daquilo que é determinado pela lei de ação e reação.

Em cada um de nós existe uma sucessão de grandes mistérios que somente o conhecimento do princípio espiritual e o perfeito equilíbrio que constitui a harmonia da Criação poderão explicar, através da lógica e da razão. Procurar-se, portanto, uma resposta satisfatória para todos os casos, sem o emprego desses instrumentos, parece-nos inviável, consequentemente, encontrá-la dessa mesma maneira seria humanamente impossível. Entretanto, é fazendo o uso correto do nosso livre arbítrio direcionado para o bem, juntamente com o raciocínio lógico, que, diante das evidências verificadas e da constatação da veracidade dos fatos, eliminaremos as arestas deixadas pela incerteza, sanaremos as dúvidas oriundas da nossa ignorância, ou da nossa cegueira e chegaremos à captação da realidade espiritual, dessa maneira, dissiparemos todas essas incertezas.

Agindo, pois, desse modo, com toda certeza, faremos aflorar em nossos corações a fé. Aquela fé que, não obstante já existe em nosso íntimo, em muitos casos ainda se encontra em estado latente, mas que, quando estiver bem desenvolvida, e despertada pela racionalidade, será justamente ela que irá propiciar a nossa reforma íntima e nos proporcionar a esperança, não de mudar aquilo que já fora, anteriormente, traçado pela Providência, mas, de aceitarmos esses desígnios sem temor, sem nenhuma revolta ou rancor, porém, com coragem, paciência e resignação, e acreditarmos piamente na realidade de que nenhum fato ou acontecimento, por mais injusto que aos nossos olhos possa parecer, deixa de ter o seu real significado e um perfeito aproveitamento.

É, portanto, através da sensação, da percepção e utilizando o raciocínio lógico que os homens de boa vontade deitam por terra o materialismo, adquirem a legítima compreensão da ordem que preside a natureza, e, em muitos casos, partem do conhecido para chegar ao desconhecido. Desse modo, eles conseguem desvendar de maneira sensata, através das pesquisas científicas, bem como dos ensinamentos que lhes foram legados pelos Espíritos benfeitores por intermédio das obras codificadas por Allan Kardec, aquela sucessão de grandes mistérios que envolvem determinados assuntos, até então, envoltos em segredo ou encobertos pelos preconceitos e pelos tabus, e que nos fazem acreditar, entre tantos outros absurdos, na existência de um Deus cruel, injusto, impiedoso e vingativo; nas penas eternas; no limbo (lugar esse, supostamente designado para receber as crianças que morrem sem receberem o sacramento do batismo); no pecado original; no fogo do inferno (onde serão lançados por toda a eternidade, aqueles pecadores incorrigíveis); no purgatório, e na ressurreição da carne, enfim, de aceitarmos o falso como sendo verdadeiro, cuja explicação exata e coerente, somente pode ser feita através da lógica e da razão.

A fé

1 A Fé Inata

Na maioria das vezes, quando nos deparamos com algum tipo de problema que possa nos causar aflição, ou desespero, no afã de superarmos tais obstáculos, costumamos dizer a nós mesmos que gostaríamos de ter fé. Outras vezes, quando encontramos algum familiar, parente, amigo, ou qualquer outra pessoa mais próxima passando por alguma dificuldade, dizemos a esse alguém que ele precisa ter fé, para que tudo se resolva da melhor maneira. Finalmente, há ocasiões em que chegamos a sentir inveja de outras pessoas, quando dizemos que gostaríamos de ter a mesma fé que elas têm. Mas, o que vem a ser a fé? De que maneira ela pode ser adquirida?

As respostas para essas indagações exigem algumas considerações. Podemos dizer que a fé, de um modo geral, é um sentimento interior que ilumina a nossa mente, eliminando toda e qualquer dúvida, fornecendo-nos uma certeza, e, consequentemente, deixando-nos mais confiantes. Sabemos que o nosso corpo material é dotado de órgãos que funcionam como uma espécie de receptor daquilo que se passa ao nosso redor, para, de imediato, e através dos seus respectivos sentidos, transmiti-lo ao nosso íntimo. Por exemplo, quando afirmamos que uma lâmpada está acesa, é porque os raios de sua luz foram recebidos pelo nosso sentido de visão. Quando vimos e tocamos em algum objeto, acreditamos que ele existe, e isso se dá em razão dele ter sido captado, inicialmente, pela nossa visão e depois pelo nosso tato. Quando sentimos o aroma de algum perfume, é sinal que o nosso olfato foi por ele ativado. Quando ouvimos algum ruído é porque a nossa audição detectou aquele som. Por fim, quando dizemos que uma comida está saborosa, é porque o nosso sentido do paladar também foi acionado. Desse modo, toda sensação externa que venha a influenciar a nossa mente, nos faz crer na sua real existência e é exatamente essa sensação em nós refletida que, geralmente, chamamos de fé. De uma maneira mais abrangente, a fé é toda sensação refletida em nosso íntimo, pela captação de alguma coisa exterior através dos nossos cinco sentidos, ou, pelo menos por um deles. Enfim, a fé nada mais é do que o fato de acreditarmos em alguma coisa, independentemente do emprego do nosso intelecto, melhor dizendo, é a certeza que temos de que algo realmente existe.

Excepcionalmente, pode ocorrer que alguém seja deficiente de um, ou de alguns desses sentidos, mas, nem por isso ele estará carente de fé, pois, a falta de um sentido será suprida pela presença do outro. O cego, por exemplo, não possuindo o sentido da visão, se lhe exibirmos um objeto qualquer, ele não saberá definir o que é; no entanto, sendo ele possuidor dos outros sentidos, algum deles o auxiliará a suplantar essa deficiência e, se ele tocá-lo, por intermédio do seu tato, terá a certeza absoluta do que se trata.

Por isso, é preciso deixar bem claro que, assim como na esfera material a riqueza é que valoriza o homem, já que ele vale pelo que tem, do mesmo modo, na esfera espiritual, cada um é reconhecido pelo tipo de fé que possui. Se os haveres materiais se resumem na riqueza, podemos dizer que os espirituais são traduzidos pela firmeza de fé; portanto, levando-se em conta que o dinheiro não se ganha sem trabalho honesto, também a fé verdadeira não se recebe e nem se dá por esmola, não se impõe pela força, não se compra nos mercados nem nas feiras livres, nem, tampouco, se adquire por herança. Em suma, a fé não é nenhum objeto que se possa dar de presente a um amigo no dia do seu aniversário, nem um órgão transplantável, que o médico cirurgião possa retirar do corpo de uma pessoa recém falecida e implantar no cérebro de um paciente, pois ela nos acompanha desde o nosso nascimento e será nossa companheira por toda a eternidade. E, sendo assim, ela gradativamente acompanha o nosso progresso evolutivo, mas, só virá a se manifestar totalmente quando o corpo biológico também já estiver completamente desenvolvido. Consequentemente, sendo a fé um sentimento íntimo que existe em cada um de nós, e levando-se em conta que não pode existir nenhum ser humano desprovido de todos aqueles sentidos mencionados anteriormente, conclui-se, também, que ninguém pode viver sem fé; ela é necessária a todos, pois, como disse o mestre e divulgador do espiritismo Leon Denis, "Quem nunca teve, nessa vida, necessidade de uma fé, é uma alma medíocre."

Diante dessa afirmativa, outra dúvida precisa ser esclarecida. Certa vez, o apóstolo Tomé, conversando com Lázaro sobre os milagres realizados por Cristo, afirmou-lhe que só acreditava naquilo que via e podia tocar com seus dedos. Nesse caso, então, estaria ele com a razão? Nós só podemos acreditar naquilo que a gramática denomina de substantivo concreto, melhor dizendo, naquilo que podemos ver ou tocar? O abstrato seria sinônimo de irreal ou ilusão? A resposta, obviamente, é não, porque sendo a fé um sentimento subjetivo e que varia de pessoa para pessoa de acordo com a personalidade, os conhecimentos, o caráter e a capacidade de discernimento de cada um, ela pode ser dividida em três fases distintas: a fé inata, a fé raciocinada e a fé cega, podendo, essa última ser denominada de fanatismo.

No primeiro caso, ou seja, na primeira fase, verificamos que a fé, conforme dissemos anteriormente, todo ser humano a possui desde o nascimento, e ela vai espontaneamente progredindo na medida em que a pessoa vai se desenvolvendo; em outras palavras, vai se acentuando na mesma proporção em que a pessoa vai crescendo, sem que haja necessidade de qualquer provocação, fazendo-nos crer, somente nas coisas materiais e que nos são apresentadas através daquele sentimento relacionado com os nossos cinco sentidos, quais sejam, a audição, o paladar, o olfato, a visão e o tato, como no caso de Tomé, quando afirmou que só acreditaria naquilo que visse ou pudesse tocar. Nesse caso, dizemos que essa fé é **inata.**

Tratando ainda do mesmo assunto, ou seja, com relação à fé inata, mas, desta feita, saindo da esfera das coisas materiais e entrando no campo espiritual, no que diz respeito às questões religiosas, cumpre observar que de acordo com um boletim científico elaborado pelos pesquisadores norte-americanos da Universidade de Minessota, nos Estados Unidos, aqueles cientistas concluíram que: "a fé religiosa se encontra nos genes humanos e pode ser herdada de geração para geração", e que, embora os fatores do meio ambiente e sociais influenciem as crianças, o aspecto genético representa um papel muito importante. O trabalho acrescentou que: "se uma criança nascer de uma família religiosa, ela terá maior probabilidade de desenvolver uma vida mais espiritual do que aquelas que nasceram de famílias sem religiosidade."

Olvidaram-se, entretanto, os referidos pesquisadores, de esclarecer de qual tipo de fé estavam se referindo, no entanto, por estarem tratando de assuntos genéticos e de hereditariedade, a conclusão que se tem é de que a crença por eles analisadas é aquela que, como vimos, toda pessoa possui desde o nascimento, ou seja a fé inata.

2 A Fé Raciocinada

A percepção de que alguma coisa maior e muito mais poderosa governa a existência do ser humano, não é uma novidade, nem tampouco se trata de uma criação do homem. Ela já se fazia transparecer desde a sua origem, vindo a se ampliar com o passar do tempo. Muito embora algumas situações, alguns ambientes, ou até mesmo a natureza, às vezes não nos permite ver ou tocar alguma coisa, isso não significa que ela não existe. Desde criança nós ouvimos falar em Deus, na sua perfeição, na sua onipotência, e que Ele é o Criador dos astros, dos planetas, da Terra, da água, do ar, enfim, de tudo que existe nas galáxias, no entanto, nunca O vimos e jamais O tocamos, nem soubemos de alguém que O tenha visto ou tocado. Isso poderia nos levar a desacreditar na sua real existência se usássemos somente a fé inata, como fazem os materialistas. Sem dúvida, a existência de Deus não pode ser demonstrada por provas diretas. Porém, em cada um de nós existe uma força, um instinto que a ela nos conduz, afirmando essa verdade com muito mais certeza do que toda e qualquer demonstração.

Levando-se em conta que aquela fé inata da qual falamos anteriormente e que trazemos em nosso íntimo, ainda se encontra em processo de evolução, ela, para ser desenvolvida, melhor dizendo, para que ela passe para a etapa seguinte é preciso que cada um de nós a faça aflorar em si mesmo por intermédio da dedução lógica, do raciocínio e da razão, cujo resultado só será obtido pelo cumprimento dos mais sagrados deveres, especialmente pela aquisição de conhecimentos. Se olharmos à nossa volta e analisarmos a harmonia existente na natureza e como nela tudo funciona na mais perfeita ordem, nosso raciocínio lógico nos impulsionará a termos a certeza incontestável de que, se essa perfeição existe é porque alguém mais perfeito e muito mais poderoso, embora não o possamos ver, sentir ou tocar, criou e comanda tudo o que existe nesse extenso e maravilhoso universo, já que nada surge por acaso.

Dessa forma, cumpre esclarecer que, antes de atingir a segunda etapa, aquela fé que chamamos de inata e que trazemos em nosso íntimo, ainda ali se encontra, mas, em fase progressiva, e, para que ela avance para a fase seguinte, é preciso que aquilo que estamos analisando seja submetido ao crivo da razão. Consequentemente, com o emprego dessa razão, que se traduz naquele sentimento cujo raciocínio lógico não nos permite duvidar, ela nos mostrará a realidade espiritual e nos fará crer na veracidade de sua real existência, e assim, a fé, que antes era inata, passará a ser raciocinada, como diria o mestre Herculano Pires, "A fé é filha da razão, e tem como pai o sentimento."

Da mesma forma que a realidade espiritual, a crença religiosa também não é uma novidade, visto que, já servia como fundamento de todas as religiões de todas as épocas; no entanto, ela veio realmente à tona no dia 18 de abril de 1857, quando Allan Kardec, cujo nome de batismo era Hippolyte Leon Denizard Rivail, renomado professor de matemática, física, química, retórica, anatomia comparada, fisiologia e língua francesa, portanto, uma personalidade de elevada cultura e merecedora da maior credibilidade, contando com o indispensável auxílio de vários médiuns representando a falange constituída por Espíritos Reveladores, sob a orientação do Espírito da Verdade, editou "O Livro dos Espíritos", que, não obstante ter sido escrito de maneira simples, veio estabelecer as ligações históricas de todas as etapas evolutivas do ser humano, em todos os seus aspectos, principalmente no espiritual.

Quem, usando apenas a fé inata poderia acreditar que a morte não existe, e que o desencarne pelo qual cedo ou tarde todos nós deveremos passar, é simplesmente a passagem de um plano visível para outro invisível? Quem aceitaria a ideia da imortalidade dos espíritos, e que eles, mesmo depois de separados do corpo físico poderiam comunicar-se conosco? Quem em suma, iria acreditar que os ensinamentos e as instruções contidas nas obras de Allan Kardec foram ditadas pelos Espíritos do Plano Superior, e sob a orientação do Espírito da Verdade? Ninguém, pois, é somente fazendo uso do raciocínio lógico que teremos a certeza da veracidade de tudo aquilo que nos é apresentado.

Dissemos, anteriormente, que a fé raciocinada só se obtém pelo cumprimento dos mais sagrados deveres, especialmente, pela aquisição de conhecimentos. Isso significa que somente os verdadeiros incrédulos e materialistas, que ainda não aprenderam a usar a sua inteligência racional, é que duvidam de tudo o que a Doutrina Espírita propaga. Ela veio com a missão de, utilizando os recursos da ciência, explicar de onde viemos, o que estamos fazendo na Terra e para onde vamos, a origem da vida e o destino de cada um, bem como para comprovar a verdade sobre as questões religiosas que sustentam a fé, e tudo isso, justamente, para atestar essa veracidade e fazer despertar no homem a fé raciocinada.

A fé, portanto, só é sincera e verdadeira quando está apoiada na racionalidade, na inteligência e na compreensão. Ela nos faz ter confiança nas nossas próprias forças, não havendo dificuldade alguma que ela não possa vencer, pois, anula o medo, a dúvida e todos os pensamentos negativos que atraem distúrbios ao nosso corpo e à nossa alma. É ela que pulveriza todas as discrepâncias religiosas, evita o fanatismo e o cotejo de absurdos, queima as imperfeições que crescem como quistos na alma e, aos poucos, vai construindo um mundo novo. Ela é, em suma, o fruto da convicção que amadurece no coração de cada um, e que nos leva a construir boas obras e, sabermos definir o que é o bem e o que é o mal. A fé raciocinada nos ensina, ainda, a trilhar o caminho que escolhermos através do nosso livre arbítrio.

Alguns materialistas e incrédulos, ainda nos dias atuais, afirmam que a crença em Deus, a obediência às Leis Divinas, bem como os ensinamentos do Cristo, são o resultado de ensino nas escolas e nos lares. Entretanto, essa afirmativa foi desmentida pelos Espíritos, quando Allan Kardec indagou-lhes se "o sentimento íntimo da existência de Deus, que trazemos conosco, não seria o efeito da educação e o produto de ideias adquiridas", tendo eles respondido que: "se o sentimento da existência de um Ser Supremo não fosse mais que o produto de um ensinamento, não seria universal e não existiria senão entre os que tivessem podido receber esse ensinamento. "Tanto isso é verdade que, mesmo na sua ignorância, os selvagens, e até mesmo os povos primitivos, embora ainda não apresentassem condições suficientes para receberem qualquer tipo de ensinamento e de desenvolverem o seu raciocínio dentro de uma lógica, já deixavam evidente a presença do sentimento da ideia da existência de Deus ou de um Ser Supremo, quando sentiam haver uma força superior que os criara e dirigia. Diante disso, e levando-se em conta que não é a crença raciocinada que busca o homem, deve se concluir que ele é que deve buscá-la, pois se ele a traz no seu íntimo deve fazê-la crescer através de sua própria vontade. O renomado doutrinador espírita Edgard Armond nos ensina que: "cada ente humano é seu absoluto legislador; dispensador de glória ou obscuridade a si mesmo; o determinador de sua vida, sua recompensa, sua punição." Também o Espírito André Luiz, em uma de suas mensagens, observa que: "cada um pode ser o melhor secretário para a sua tarefa, ou a nota dissonante da sinfonia que pretende executar."

Mostramos que a fé está dentro de cada um de nós, mas que somente passa a manifestar-se de modo raciocinado a partir do momento em que a buscamos. O professor José Herculano Pires é um exemplo típico de que a fé raciocinada deve ser procurada. Paulista, nascido no município de Avaré, no Estado de São Paulo, e no seio de família católica, desde jovem, ele, na busca da verdade cristã interessou-se pelo estudo das questões religiosas. No entanto, como nenhuma religião apresentasse respostas convincentes para as suas dúvidas, passou a estudar Teologia, onde encontrou, em parte, soluções para as suas indagações. Porém, em razão de algumas das respostas obtidas não terem conseguido esclarecer de maneira racional a sua curiosidade, o mestre Herculano Pires já estava quase se tornando um materialista, quando um amigo lhe sugeriu a leitura de "O Livro dos Espíritos", tendo ele ali encontrado tudo o que procurava e precisava para se tornar um verdadeiro espírita. Sua satisfação foi tamanha, e tão grandes foram os seus estudos e seus ensinamentos sobre o assunto que ele, depois de traduzir as obras de Allan Kardec para o nosso idioma, tornou-se um dos maiores divulgadores da Doutrina Espírita e, por esse motivo, mais tarde ele passou a ser denominado "O Apóstolo de Kardec". Digna de admiração foi a pessoa de José Herculano Pires, pois, ao contrário de muitos que numa demonstração de fraqueza, embora reconhecendo a veracidade de uma nova ideia, repeliam-na com receio do convencionalismo do mundo, dos acintes, ou de eventuais perseguições, ele defendeu uma ideia inovadora, quando ela não era ainda compartilhada por muita gente, mostrando-se indiferente aos perigos, às perseguições, aos sarcasmos ou desprezo por parte dos seus semelhantes.

Dando inequívoca demonstração de coragem na manifestação de sua fé, ele defendeu, com ardor, as suas convicções, numa época em que isso representava verdadeiro arrojo, ficando indiferente aos acerbos ataques e às críticas e perseguições. O mérito desse notável doutrinador não está, somente, na razão direta das afrontas, críticas e oposições que veio a sofrer devido ao seu idealismo, mas, também, na coragem demonstrada na manifestação da fé que o animava. Tendo fundado o Clube dos Jornalistas e Escritores Espíritas do Estado de São Paulo e, também exercido o cargo de Diretor Cultural da Editora Espírita Edicel, José Herculano Pires, após dedicar grande parte de sua vida aos assuntos espirituais, desencarnou em 1979, deixando como legado a todos os brasileiros, além de valiosas obras, também o exemplo de coragem, perseverança, dedicação e fraternidade, atributos esses, somente conferidos aos verdadeiros seguidores da moral evangélica propagada pelo grande Mestre Jesus Cristo. Por esse motivo, ele jamais será esquecido, pois, como já dissemos, em razão dos inestimáveis serviços prestados ao espiritismo, em particular no Brasil, seu nome estará gravado eternamente no coração de cada um de nós.

3   A Fé Cega

A fé, seja ela inata ou raciocinada, pode ser comparada a uma gota de orvalho que brilha intensamente sobre a pétala de uma flor. É maravilhoso o seu esplendor, no entanto, basta um pequeno sopro do vento, para que ela caia na terra e se transforme em lama. Do mesmo modo, a fé, quando não for corretamente dirigida e bem administrada, bastará um pequeno deslize para que ela ofusque a nossa razão, e de raciocinada que era passará para a terceira fase, a fé cega. Por isso, precisamos estar atentos e cuidarmos para que, quando adquirirmos a fé raciocinada, não deixarmos que ela, que se apoia exclusivamente sobre a lógica dos fatos, nos fazendo entender aquilo em que cremos se torne cega, nos faça aceitar o falso como verdadeiro, chocando-se com a razão e levando-nos ao excesso, ou à omissão, o que faz com que ela se transforme em fanatismo.

Amilcar Del Chiaro Filho, em alusão ao fanatismo, com muita propriedade esclarece o seguinte:[9] "A partir do momento em que alguém se fanatiza por alguma coisa, principalmente naquilo que diz respeito às crenças religiosas, faz surgir o desequilíbrio, e o que é distorcido ou desequilibrado parece correto e equilibrado", e foi por isso que Allan Kardec afirmou que: "Somente é fé verdadeira aquela que pode enfrentar a razão face a face". A Doutrina Espírita, portanto, não admite a fé cega por parte dos seus seguidores, pois tudo deve ser analisado e submetido ao crivo da razão.

Conta-nos uma antiga fábula que, em certa ocasião, estava Jesus Cristo à beira de um riacho, e ao seu lado, um homem que ali pescava. Depois de inúmeras tentativas, ele, faminto, e vendo que nenhum peixe conseguia pescar, virando-se para o Mestre, indagou: – Senhor, estou aqui há várias horas e, mesmo tendo-te ao meu lado, nenhum peixe consegui fisgar, como se explica isso? Sorrindo, Jesus segurou o anzol, nele colocou uma isca e mandou que o pescador o atirasse na água. Não demorou muito para que um grande peixe fosse fisgado. Jesus, novamente dirigindo-se ao pescador observou: – "Faze a tua parte, que eu te ajudarei."

Nota-se que, muito embora aquele homem acreditasse nos poderes de Jesus, a sua fé havia ultrapassado os limites, tornando-se cega, pois ele, sequer havia se dado ao trabalho de colocar a isca no anzol, achando que, por estar na presença do Mestre nenhum esforço lhe seria exigido para obtenção daquilo que necessitasse. Na vida nada é de graça, Deus espera que cada um de nós, ainda que com muito sacrifício, faça a sua parte, cumprindo a cota de trabalho que lhe compete.

Eliomar Rodrigues Pereira, Diretor do Colégio Allan Kardec, em sua coluna "Falando de Espiritismo",[27] também premia-nos com uma fábula que vem reforçar ainda mais a nossa tese de como a fé, não devidamente cultivada, pode se tornar fanática.

Ele nos narra que em uma pequena cidade havia um padre muito conhecido pela sua teimosia. Em certa ocasião, aquele município foi surpreendido por uma forte chuva, cuja tromba-d'água alagou todas as casas e ruas, causando uma verdadeira calamidade pública. Como a chuva continuasse por vários dias, e cada vez mais forte, a população teve que ser evacuada e levada para abrigos improvisados, ficando somente o padre na igreja. Assim como as casas, também a capela foi inundada, fazendo com que o padre procurasse os lugares mais altos. Com a chegada dos bombeiros e da defesa civil, o vigário foi aconselhado a deixar o local, em virtude do imenso risco, mas, ele, não admitindo a ideia de abandonar a capela, recusava-se a atender às advertências das autoridades e sempre alegando que Jesus o salvaria, foi abrigar-se no telhado da igreja.

Os bombeiros vieram buscá-lo de barco, mas ele, apesar de estar constantemente ouvindo uma voz soçobrando ao seu ouvido para que abandonasse aquele local e fosse procurar abrigo em outro, continuou recalcitrante. Um helicóptero da polícia ali compareceu e atirou uma escada de cordas para que o padre subisse na aeronave, mas, nem assim ele aceitou a ajuda. Finalmente, depois de todos os esforços desprendidos no sentido de socorrê-lo se tornarem infrutíferos, as águas atingiram o telhado e depois de inundar toda a cidade, arrastou tudo, inclusive o padre que acabou afogando-se.

Pela bondade que apresentou em vida, o padre teve o direito de ir para o Céu, lá chegando, foi recebido por Jesus. Indignado, o vigário queixou-se, dizendo-se decepcionado porque o Mestre não o havia salvado das águas, deixando que ele morresse abandonado. Jesus, pacientemente, respondeu que havia mandado falanges de anjos para soprar-lhe no ouvido, sugestivamente, a ideia de deixar aquele lugar e como ele negasse ouvi-los, enviou também inutilmente um helicóptero com escada para resgatá-lo; enfim, tudo fez para ajudá-lo, mas ele não quis, dando preferência ao comodismo e à ociosidade, portanto, a culpa pelo trágico ocorrido cabia somente a ele. Também, nesse caso, que por saber que o socorro lhe seria enviado, o bondoso padre esqueceu-se de cumprir aquilo que lhe competia, deixando-se levar pelo fanatismo que lhe custou a própria vida.

No tocante a isso, é que o Mestre preceituou: "Buscai e achareis". Isso indica que as pessoas não devem permanecer de maneira estática na Terra, mas devem esforçar-se para merecer as generosas dádivas dos Céus. Não devem ficar em atitudes beatíficas esperando milagres. A Lei de Evolução exige que todos perseverem e lutem. Jesus, em sua caminhada térrea, nunca iludiu alguém, nem jamais prometeu vida sem lutas e caminhos sem obstáculos; ao contrário, Ele sempre deixou claro que nela sempre haveria momentos de fortes combates.

Um outro fato que poderia servir como exemplo, foi de um expositor que fazia uma palestra sobre os motivos da reencarnação dos espíritos na Terra. Com toda eloquência ele dizia que a reencarnação é uma benção concedida pelo Criador, para que o espírito aqui retorne e, através de privações, dores e sofrimentos, venha resgatar algumas faltas cometidas no passado. Alguns podem retornar cegos, outros aleijados, surdos, mudos, etc. e, quanto maior fosse o seu sofrimento, mais depressa ele alcançaria a sua evolução espiritual, por esse motivo – dizia ele – toda mulher, quando estivesse esperando um filho, deveria abster-se de pedir ao Senhor que a criança nascesse com saúde e com o corpo perfeito, para não atrapalhar a sua escalada evolutiva, mas sim, rogar ao Criador que ele retornasse ao nosso mundo possuidor daqueles defeitos físicos, o que lhe seria uma grande dádiva.

Vê-se, pois, que não obstante a louvável demonstração de fé daquele expositor, ela, da mesma forma que a gota de orvalho que se transforma em lama, havia se tornado uma crença fanática, ultrapassando os limites da lógica e fazendo com que ele se expressasse daquela maneira.

Quando o nosso Pai Celestial por sua bondade divina, permite que espíritos aqui retornem para prosseguir na sua evolução, mas que, para isso tenham uma existência terrena regada de dores e de sofrimentos, é nosso dever recebê-los com o mesmo amor, o mesmo carinho e idêntica compreensão, pois os nossos desejos devem, acima de tudo, estar subordinados aos desígnios de Deus. Entretanto, quando o Criador nos concede a benção de sermos tutores dos seus filhos, é evidente que para eles desejamos muita saúde, paz, alegria e amor, e que eles venham para o nosso seio familiar em perfeitas condições de ter uma vida normal, para mais facilmente poderem assimilar os ensinamentos que nos foram deixados por Jesus Cristo. É razoável que os pais sintam emoções verdadeiramente sublimes e acolham o rebento de seu amor com indefiníveis transportes de júbilo, pois os filhos não são almas criadas no instante em que nascem, mas sim, companheiros espirituais de antigas lutas, a quem pagamos débitos sagrados ou de quem recebemos alegrias puras, por créditos de outros tempos.

Os Espíritos Superiores nos ensinam que não é lícito aos pais desprezar os seus filhos. É sua missão educá-los para a prática do bem, por isso, é preciso, ainda, saber se todos esses genitores estão verdadeiramente preparados, e se possuem a fé necessária para receber com resignação e paciência, um filho deficiente, e dispensar-lhe todo o carinho e amor durante o tempo em que ele aqui permanecer.

Na Holanda, uma criança do sexo feminino nasceu com síndrome de Down, e uma deficiência na formação do cérebro e da coluna vertebral. Já tendo sofrido vinte intervenções cirúrgicas e considerando que nem os analgésicos mais potentes conseguiam atenuar a dor, os especialistas avaliando o estado da criança e chegando à conclusão de que as operações não mudariam o péssimo prognóstico, optaram para que ela fosse morta de maneira induzida com a ajuda de medicamentos. Os pais, não suportando a ideia de esperar durante semanas, ou meses, até que a morte natural chegasse, tiveram que tomar uma decisão das mais difíceis e, numa cabal demonstração de desconhecimento das Leis Divinas, quando a criança tinha apenas quatro semanas de vida, aceitaram a sugestão. No fatídico dia, enquanto a mãe segurava a criança no colo, rodeada pelo pai, pelos avós, por uma enfermeira e por um sacerdote, o pediatra aplicou-lhe uma dose elevada de morfina e de um calmante e, em poucos minutos daquele lamentável ritual, o coraçãozinho, que mal começara a pulsar, parou de bater.

Não obstante as estatísticas revelarem que naquele país 90% da população é a favor da morte induzida praticada por médicos, e que a eutanásia deixou de ser crime há quatro anos, a lei só se aplica aos pacientes terminais e adultos, excetuando as crianças menores de doze anos, por serem consideradas incapazes de expressarem a sua vontade. Dessa forma, pela legislação holandesa atualmente em vigor, o médico poderia ser processado, já que a eutanásia como foi visto, só é livre de punição quando se tratar de pessoa capaz de optar por ela, o que não é o caso. Porém, ao que tudo indica, a legislação está na iminência de permitir, também, a interrupção da vida de crianças recém-nascidas e sem esperança de cura. A Lei especifica ainda, que tal prática somente é admitida quando se tratar de paciente terminal.

Também na Alemanha, um caso que comoveu o país foi de um menino que teve parte do cérebro e dos rins destruída por um problema ocorrido durante o parto. Aquela criança, que não andava nem falava, sobrevivia apenas graças à diálise peritoneal que limpava o seu sangue das toxinas que o rim não excretava, motivo pelo qual os médicos, em vários momentos, chegaram a discutir o emprego da eutanásia, no entanto, ninguém ousou executá-la.

Aos seis meses, ele foi abandonado pelos pais legítimos, no Hospital Universitário de Hamburgo, porém, tendo em vista que Deus, seja por qual for o motivo, jamais abandona os seus filhos, aos três anos o menino teve alta pela primeira vez, quando os pais adotivos o levaram para casa, continuando o tratamento naquele lar bendito. A partir daquele dia, aquela abençoada família jamais teve um período de férias, pois, passou a dedicar-se integralmente à criança, porém, em compensação, os sorrisos esporádicos dela, cujo movimento dos lábios os médicos não sabiam dizer se era apenas um esgar involuntário, alimentava-os emocionalmente, porque dava aos novos pais a certeza de que mesmo em condições terríveis, ele estava saboreando cada minuto de vida e do carinho que lhe era dedicado. O amor que aqueles pais adotivos dedicaram àquela criança pode ter uma explicação provável de terem eles vivido uma experiência gratificante em uma outra encarnação, e agora, aquele espírito, animando outro corpo, tenha vindo demonstrar a sua gratidão. Ao completar oito anos de idade, o menino que certamente voltara à Terra com a finalidade de suprir o pouco tempo restante de uma vida anteriormente interrompida, já tendo se revestido suficientemente dos fluidos indispensáveis ao seu progresso, retornou ao plano espiritual. Após o desencarne, esse amor que lhe foi dedicado por aquela família, com toda certeza será o farol que iluminará os seus caminhos nessa nova jornada.

Por diversas vezes, já tivemos conhecimento de crianças que nasceram com algum tipo de deficiência, e cujos pais, sob a alegação de que elas, por não poderem levar uma vida normal como as outras, a vida lhes seria um grande tormento, teriam preferido que não continuassem vivendo. Puro egoísmo ou despreparo para a divina paternidade. Ninguém nasce sem um objetivo, e nenhuma pessoa deve ser considerada inútil.

Há alguns anos atrás, morava nos Estados Unidos, uma família composta de pai, mãe e filho, um garoto de oito ou nove anos conhecido por Tom. A mãe, não obstante o filho haver nascido surdo sonhava com um futuro brilhante para ele. Porém, em razão daquela deficiência auditiva, na escola ele nada conseguia assimilar, motivo pelo qual era alvo de chacotas e gozações por parte dos outros alunos. Certo dia, o menino Tom retornou da escola para casa trazendo um bilhete do diretor, o qual sugeria aos pais que o retirassem da escola, porque ele era muito estúpido para assimilar alguma coisa. A mãe, ao ler a mensagem ficou indignada e, não concordando com a afirmativa de que seu filho fosse estúpido resolveu, ela mesma, ensiná-lo a ler e escrever. Ela iria mostrar ao mundo inteiro que seu filho não era inútil. E assim, com a paciência, dedicação e perseverança de toda abnegada mãe, passou a dedicar algumas horas do seu dia à tarefa de alfabetizar o filho. O tempo foi passando, até que sua missão chegou ao fim, a tarefa estava cumprida e o menino estava alfabetizado. O menino Tom cresceu, tornou-se adulto e, já na idade madura, depois de cumprir sua missão aqui na Terra, retornou à pátria espiritual. Na hora do seu enterro, antes do caixão baixar à sepultura, em sua nação de origem, as pessoas para reverenciarem-no, desligaram as luzes de todos os Estados do país durante um minuto. Essa foi a maneira que o povo americano encontrou de prestar sua última homenagem ao menino Tom, outrora considerado um estúpido, e cujo nome verdadeiro era Thomas Alves Edson, inventor da lâmpada elétrica, e criador, também, do filme cinematográfico e do toca-discos. Assim como Thomas Edson, toda criança, mesmo estando predestinada a uma vida cheia de dor e sofrimentos, será capaz de, mais cedo ou mais tarde, mostrar que o seu retorno à existência material não foi em vão. Mas, para isso, é necessário que os pais ou aqueles que foram encarregados de conduzi-la, jamais a tratem de maneira depreciativa, com olhares indiferentes, negativos ou de rejeição. Tais pessoas devem proceder da mesma maneira que a mãe do menino Tom que, não se deixando dominar por ideias preconceituosas, com sua perseverança mostrou ao filho que é possível vencer os obstáculos quando se substitui a exclusão social pela dignidade, e o fez acreditar que seria capaz, e que não nascera para ser derrotado, pois, em sua jornada, mesmo sendo difícil, ele sempre teria um companheiro fiel que o estaria incentivando: **Nosso Deus.**

3
A cura pela fé

Um dos maiores patrimônios que Deus nos legou foi a saúde. Ela é um bem de valor inestimável e indispensável para que possamos prosseguir na nossa jornada terrestre. E, já que vamos falar de cura pela fé, é imprescindível, antes de tudo, que se defina o que é a doença.

1 As Doenças

É sabido que o ser humano é formado por um corpo material, pelo perispírito e pelo espírito, ou alma. Sabemos também, que esse corpo, do qual o espírito necessita para cumprir a sua jornada terrena, carece, entre outros cuidados, de determinadas substâncias nutrientes para a sua sobrevivência, as quais podem lhe ser, também, nocivas. E, sendo assim, da mesma forma que o organismo material pode ingerir alimentos venenosos que lhe intoxicam os tecidos, também, o organismo perispiritual absorve elementos que lhe degradam, com reflexos sobre as células materiais.

Pelo fato de vivermos mergulhados em uma atmosférica fluídica, da qual absorvemos energias de maneira automática, às quais metabolizamos e damos características particulares conforme os nossos pensamentos e sentimentos, permanentemente, o nosso corpo recebe essas energias vitais vindas do cosmo, da alimentação, da respiração e da irradiação de outras pessoas, que podem ser positivas ou negativas, e que passam a circular em nosso organismo. Já foi dito que o organismo humano, para funcionar com perfeição, carece de cuidados especiais, cuja atuação deve ser destacada de duas maneiras: "preventiva e repressiva;" a primeira para evitar a influência das energias negativas, e a segunda, para expulsá-las quando já tiverem penetrado o corpo. Portanto, quando esses cuidados não são observados, um aviso é dado de que alguma coisa não está bem, e que o corpo não está recebendo a atenção necessária. Esse alerta é, na realidade, aquilo que chamamos de doença ou moléstia. Diante disso, muito embora o corpo seja uma simples vestimenta da alma, é preciso dispensar-lhe a máxima atenção, cuidando da saúde. E, levando-se em conta que a doença, conforme frisamos, é uma consequência proveniente das energias negativas que circulam em nosso organismo, ela pode ser classificada de três maneiras: **físicas, espirituais e atraídas.**[13]

1.1 As Doenças Físicas

São aquelas ocasionadas por acidentes, demasiado esforço físico, ou pelo exagero na alimentação, já que o excesso faz com que os nossos órgãos sejam submetidos a um trabalho que está acima de suas forças, provocando, em consequência, o seu enfraquecimento. Essas moléstias, ao contrário das espirituais, causam menos sofrimento e apresentam mais facilidade para se obter a cura, isso porque a maioria delas ocorre por causa de escolhas erradas, principalmente na maneira de se alimentar, que intoxica o organismo de maneira absurda. O estresse do dia a dia também tem grande influência na alimentação, e essa epidemia é consequência dessa rotina. As pessoas, de maneira geral, comem quando estão estressadas, alimentam-se quando vão de um lugar para outro, ou ainda, ingerem em uma única refeição (que geralmente dura de 5 a 10 minutos), toda a caloria recomendada para o dia inteiro, e consequentemente, o cérebro não tem como registrar a sensação de saciedade em tão pouco tempo.

O médico americano, doutor Don Collbert, garante que a melhor maneira de desfrutar uma vida saudável é alimentar-se de modo adequado, despreocupado, comodamente sentado e sem pressa, à maneira que se fazia na época de Jesus Cristo que, além de bem acomodado, Ele e os demais se nutriam de pão, mel e peixe assado, que é a maior fonte de proteínas, incluindo também, em sua alimentação, um cálice de vinho, cuja bebida, quando ingerida moderadamente, ou seja, apenas um cálice por dia, é um excelente oxidante. Portanto, a temperança e o balanceamento alimentar, aliados à calma durante as refeições, não só fazem o homem feliz como também forte e saudável.

1.2 As Doenças Espirituais

Além de serem as mais graves, pois causam maiores sofrimentos, são as mais difíceis de curar, porque precisam ser resolvidas de dentro para fora, ou seja, deve-se primeiro sanar a causa, que está no espírito, para depois cuidar do efeito. Essas moléstias são provenientes de nossas próprias vibrações, onde o aumento de energias nocivas em nosso perispírito provoca uma auto-intoxicação fluídica, e quando essas energias descem para o nosso organismo físico, criam um campo energético próprio para a instalação de doenças que afetam os órgãos vitais. Esses tipos de doenças são também aos mais deploráveis, em razão de afetarem profundamente a vida íntima das pessoas. O corpo doente, quase sempre, assinala que a mente está enfermiça. De acordo com a teoria psicossomática, os desequilíbrios psíquicos e emocionais, passam para o organismo gerando doenças materiais, e em ocorrendo o inverso, surgem as doenças somatopsíquicas.

1.3   As Doenças Atraídas

São as que chegam por meio de uma sintonia com fluídos negativos. Essa atração gera uma simbiose energética que, pela via fluídica, causa percepção da doença que está afetando o organismo espiritual de alguém, e que está imantado, energeticamente, naquela pessoa, provocando a sensação de que a doença está naquela que a atraiu, pois ela passa a sentir todos os sintomas que o espírito sente. Foi por esse motivo, que Jesus, três dias depois de crucificado, ao aparecer para Madalena, não permitiu que ela o tocasse, pois tendo descido às regiões abismais para confortar o espírito de Judas, que peregrinava nas sombras de terrível remorso, o Mestre estava impregnado dos fluidos e vibrações do ambiente que visitara, e se ela o tocasse, certamente iria sentir-se mal.

Esclarecido, portanto, o que são, e como se manifestam as doenças, passamos a analisar o seu processo de cura. Denomina-se cura o restabelecimento da saúde, quer seja física, quer seja espiritual. No primeiro caso, quando se trata de doenças físicas, sabemos que o tratamento é feito através da medicina oficial; já no segundo caso, ou seja, nas moléstias de natureza espiritual, o restabelecimento da saúde é obtido por métodos executados não pelos medicamentos prescritos pela ciência médica, mas sim, pelos meios espirituais. A influência do trabalho espiritual do homem na saúde do seu próximo não é recente; perde-se no tempo o momento em que as curas por processos não médicos foram realizadas. As tribos e os povos não desenvolvidos já restabeleciam a saúde de seus semelhantes, por meios desconhecidos até por eles mesmos.

Afonso Moreira Jr., diretor-fundador do Grupo Espírita Geam, em seu artigo "Farmácia não vende saúde",[21] nos conta que 600 anos antes de Cristo, numa localidade chamada Trica, na Tessália, um grande templo foi erguido próximo a um bosque, onde havia uma fonte de águas minerais, construído em homenagem ao deus grego Asclépio, que em vida, fora um grande médico, e depois de desencarnado manifestava-se em espírito para auxiliar aqueles que o evocavam. As pessoas enfermas, depois de esgotarem todas as possibilidades de cura junto aos médicos da época, dirigiam-se ao templo, e ali recebiam um banho purificador, depois eram conduzidas a um recinto considerado sagrado, onde adormeciam. Durante o sono, Asclépio se apresentava indicando os procedimentos que ajudariam os enfermos a se recuperarem, tais como banhos, chás, massagens, viagens de repouso etc. Para aqueles que não obtinham o resultado desejado, o grande espírito dizia que o caminho que leva à cura, é a reforma íntima, e que, se tal não ocorreu, todos deveriam perceber e aceitar que a doença e os sofrimentos são fases a serem superadas e, assim sendo, deveriam reunir forças para enfrentá-las sem choros e sem lamentações. No Livro "O Evangelho Segundo o Espiritismo", encontramos a máxima: "Em cada lágrima que cai dos nossos olhos, Deus coloca o bálsamo que consola."

Esse tipo de tratamento não é novidade, pois por diversas vezes, já ouvimos falar de casos de pessoas desenganadas pelos médicos, que obtiveram curas ou melhoras consideráveis de variadas doenças, sem passar por um centro cirúrgico, ou sofrer intervenção médica, recorrendo apenas a um tratamento espiritual. No Brasil, Leopoldo Cirne, um dos defensores da causa, fez o primeiro relato sobre o assunto em 1900, a fim de levá-lo ao IV Congresso Espírita realizado em Paris. Naquela época já se realizavam tratamentos de doenças através de magnetização, praticados por espíritas que defendiam a imortalidade da alma, e do intercâmbio entre encarnados e desencarnados. Muito embora ainda seja grande o ceticismo por parte do meio científico e uma parcela razoável da medicina não aceitar a atuação do plano espiritual no processo de cura das enfermidades, muitos pesquisadores e médicos já estão aceitando essa veracidade.

Antes de tudo, porém, é bom lembrar que, para se obter o resultado desejado, há que se ter uma fé sincera, atuante e não vacilante, pois, uma moléstia, além de na maioria das vezes, representar uma prova ou expiação, que deverá seguir até o fim, outro motivo pelo qual, muitas vezes, a cura espiritual não se realiza é, simplesmente, a falta de crença e não somente fé em quem pratica a cura, mas também de quem a recebe. As pessoas com fé estão menos sujeitas a dependências e aderem melhor aos tratamentos.

Dos inúmeros benefícios que nos foram concedidos pela Providência Divina, um deles foi a possibilidade de podermos nos aproximar e nos comunicar com Deus. Essa comunicação, que poderá ser direta ou por intermédio de seus prepostos, é realizada por meio da prece. É através de uma oração feita com muita fé que podemos louvar, pedir e agradecer ao Criador por tudo que Ele fez e continua fazendo por nós.

A Doutrina Espírita nos ensina que a prece, quando precedida de fé, tem três finalidades:

1. **louvar**: que significa santificar, reconhecer Deus como único e verdadeiro; ser obediente às Leis Divinas, fazendo o bem e evitando o mal;

2. **pedir**: cujo objetivo é suplicar, rogar diretamente a Deus, ou através dos bons espíritos, alguma coisa em benefício de alguém, ou de nós mesmos; e

3. **agradecer**: que nada mais é do que mostrar gratidão, reconhecer e demonstrar satisfação por aqueles benefícios recebidos.

O primeiro Mandamento da Lei Divina diz que devemos amar a Deus acima de todas as coisas, e sendo a prece fervorosa, um ato que nos aproxima Dele, consequentemente, não deixa de ser uma demonstração de amor ao nosso Pai Celestial. Entretanto, temos observado que dos 100% das preces realizadas, 85% são para pedir, 10% para agradecer, e somente 5% para louvar, o que deveria ser o contrário, ou seja, 5% para pedir, 10% para agradecer e 85% para louvar o nosso grande e misericordioso Pai.

Essas são, portanto, as três finalidades básicas da oração. Entretanto, o homem por desconhecimento, ou até mesmo por uma interpretação errônea, acrescenta mais uma finalidade à prece, o castigo. Na confissão dos pecados, feitas ao padre pelos católicos, este determina como penitência, uma infinidade de preces para redimir cada uma das faltas. Um exemplo desse mal-entendido ocorreu com o grande médium brasileiro Chico Xavier.[16] Esse, quando ainda era menino, logo que começou a ter os primeiros contatos com a espiritualidade, ficou muito assustado, pois ouvia vozes estranhas, via e conversava com pessoas já falecidas, inclusive com sua mãe desencarnada. E, como ele ainda não tinha conhecimento da Doutrina dos Espíritos, foi procurar o padre e lhe narrou os acontecimentos. O vigário, até com boas intenções, obrigou o menino Chico a rezar mil vezes a Ave Maria.

Sabemos que a oração é a base de sustentação do equilíbrio da alma, e como tal, é fundamental para a cura das doenças físicas e espirituais, entretanto, sendo ela o intercâmbio entre o orador e as forças superiores, somente orar não é o bastante, melhor dizendo, o essencial não é orar muito, mas orar bem. São Marcos, em suas pregações sempre dizia: "Aqueles que pensam que a multiplicidade de suas palavras irá alcançar a graça de Deus estão muito enganados; para eles haverá somente choro e ranger de dentes". Desse modo, a repetição incessante de palavras, bem como a pluralidade de oração, pode torná-la ineficaz. Além disso, para que a prece atinja o seu objetivo é necessário também que não obstante esteja apoiada em uma fé viva, que seja nítida, modesta, concisa e dotada de fundamento. Na prece, as palavras não devem ser preparadas ou organizadas com antecedência; a linguagem deve variar de acordo com as necessidades daquele que ora. Cada palavra pronunciada, como dissemos, deve conter a sua importância e mostrar sentimentos nobres e sinceros, pois, o que Deus observa é aquilo que está no íntimo e na verdade de cada palavra, e não em sua quantidade.

No livro "O Evangelho Segundo o Espiritismo", encontramos a máxima: "Aquilo que pedires pela prece será concedido". Essa verdade pode ser confirmada em diversos exemplos, e um deles está na fábula do "Tapetinho Vermelho", que nos narra a seguinte estória:

Uma pobre mulher morava em uma humilde casa, em companhia de sua netinha, menina essa que além de órfã de pai e mãe, era muito doente, pois nascera tetraplégica. Como ela não tinha dinheiro sequer para levá-la ao médico, e vendo que apesar de seus dedicados cuidados e dos chás de ervas que lhe eram ministrados, a pobre criança piorava a cada dia, certa vez a avó resolveu iniciar a caminhada de duas horas até a cidade próxima em busca de ajuda. Chegando ao único hospital público da região, depois de longa e penosa espera, ela foi aconselhada por uma das atendentes a voltar para casa e trazer a neta para que fosse examinada. Mas, como poderia trazer a menina que sequer podia levantar-se da cama, se ela própria, em virtude da idade avançada, já não tinha forças suficientes para percorrer tão longo caminho? Era melhor desistir.

Quando voltava para casa bastante desesperada, a pobre velhinha, ao passar em frente a uma igreja, apesar de nunca ter entrado em uma, como tinha muita fé em Deus, resolveu ali entrar e pedir ajuda. Ao entrar, encontrou algumas senhoras ajoelhadas no chão e rezando. Aquelas mulheres receberam a visitante e, após se inteirarem da história, a convidaram a joelhar, pois elas iriam orar pela criança. Após quase uma hora de oração e pedidos de interseção ao Pai, as beatas já iam se levantando, quando a vovó disse a elas que também gostaria de fazer uma oração. Porém, vendo que se tratava de uma mulher simples, maltrapilha, de pouca cultura, e que certamente não saberia dirigir-se a Deus, elas retrucaram, alegando não ser necessário, pois com as orações que haviam feito, com certeza sua neta iria melhorar. Ainda assim, a vovó insistiu em orar, e começou:

– Jesus, olha sou eu. Sabe, minha neta está muito doente, por isso eu gostaria que você fosse em minha casa curar ela. Jesus, eu sei que você não sabe onde eu moro, mas eu lhe ensino o caminho, pega um lápis e um pedaço de papel, que eu vou lhe dizer onde fica o meu barraco.

Aquelas senhoras estranharam, mas continuaram ouvindo.

– Já está com o lápis e papel Jesus? Então anota aí. Você vai seguindo por esse caminho e, quando passar o rio com a ponte, você entra na segunda estradinha de barro; não vai errar não viu?

A essa altura, as senhoras já estavam se esforçando para não rir, mas ela continuou:

– Seguindo mais uns vinte minutinhos, tem uma vendinha, você entra na rua depois das mangueiras, que o meu barraquinho é o último da rua. Pode ir entrando que não tem cachorro não.

As beatas, indignadas com a situação, com olhares zombeteiros, disfarçadamente começaram a rir, porém, a vovó continuava a orar à sua maneira.

– Olha Jesus, a porta tá trancada, mas a chave sempre fica embaixo do "tapetinho vermelho" na entrada. Você pega a chave entra e cura minha neta. Mas, olha Jesus, quando você for embora, por favor, não se esqueça de colocar a chave de novo embaixo do "tapetinho vermelho", senão eu não consigo entrar quando chegar em casa.

Naquele momento as senhoras, aos risos, interromperam aquela situação, dizendo que não era assim que se deveria orar, mas que, de qualquer forma, ela poderia ir para casa sossegada, pois elas eram pessoas de muita fé, e que Deus, com certeza, iria ouvir as preces e curar a menina.

A mulher voltou para casa um pouco mais consolada e, ao entrar em sua casinha, sua neta veio correndo lhe receber.

– Minha neta – disse ela espantada – você está de pé, como é possível isso?

E a menina explicou:

– Sabe vovó, eu estava deitada quando ouvi um barulho na porta e pensei que era a senhora voltando, porém, um homem muito alto, de cabelos compridos e vestido de branco entrou no quarto, aproximou-se da cama e com uma voz meiga e cheia de carinho, mandou que eu levantasse e caminhasse. Não sei como aconteceu, mas eu simplesmente levantei e andei.

E, quase em prantos, a menina continuou:

– Depois ele sentou na cama, conversou bastante comigo, e em seguida, sorrindo beijou minha testa e disse que precisava ir embora, pois ainda tinha muito trabalho pra fazer. Ah, vovó, mas antes de sair, ele pediu que eu avisasse à senhora que ele ia deixar a chave embaixo do "tapetinho vermelho", conforme a senhora tinha lhe pedido.

Essa fábula pode ser comparada também com a da figueira seca citada no Evangelho, cuja árvore, muito embora a beleza de suas ramagens agradasse aos olhos, nenhum fruto produzia. Da mesma forma, aquelas beatas, não obstante se mostrassem agradáveis e demonstrassem boa vontade, estavam cheias de orgulho e de ostentação. Nos dizeres do professor Bismael Batista de Moraes: "A prece não se coaduna com orgulho, vaidade e hipocrisia."

Desse modo, esse exemplo nos dá uma demonstração de que a verdadeira prece se caracteriza pelos seguintes pontos: deve ser feita com carinho e amor, e deve ser um impulso espontâneo de nosso coração; além disso, para recebermos a benção da Providência Divina, que certamente nos enviará um dos seus mensageiros para nos auxiliar nas horas difíceis, o que Deus espera de nós é simplesmente, que tenhamos a nossa própria fé e iniciativa, e não valermo-nos de estranhos. Eliseu Rigonatti,[27] com muita propriedade afirma que: "Para recorrermos ao Senhor, não precisamos de intermediários. Os bens de Deus são para todos os seus filhos e cada um de nós pode pedir a Ele o que necessita, sem que haja interferência de terceiros."

Em resumo, um pouco de fé nos leva até Jesus, muita fé traz Jesus até nós. No próprio Evangelho, os espíritos nos ensinam que: "a forma não é nada, o pensamento é tudo." A oração, portanto, é a maneira pela qual a alma se manifesta buscando a presença divina, e por tratar-se de uma conversa com Deus, ou com seus prepostos, deve ser despida de qualquer formalismo e terá mais eficácia se partir de uma pessoa dotada de bons sentimentos. Sendo assim, na doença, a pessoa, se desejar realmente a cura de outrem, ou de si mesma, deve acima de qualquer medicação, aprender a orar, entendendo que não é a quantidade de palavras nem a maneira que cada uma delas é pronunciada, ou a condição da pessoa que as pronuncia que importa, mas sim, a sinceridade que contém o pedido.

Em várias passagens do Evangelho, também encontramos exemplos de demonstração de cura pela fé e, em uma delas, citamos a parábola de "Jesus e o Centurião".

Estando o Mestre Jesus Cristo em Jerusalém, foi procurado por um Centurião que lhe pedia a cura de um dos seus servos, o qual, estando paralítico, padecia de dores atrozes. Jesus, então lhe disse que iria até a sua casa para curá-lo, tendo o Centurião respondido: "Mestre, eu não sou digno de que entreis em minha casa, mas dizei uma só palavra e o meu fiel servo será curado. Eu, como comandante, tenho ao meu dispor cem soldados, e se digo a um deles vá, ele vai; se digo a outro venha, ele vem. O Senhor, da mesma forma que eu, tem às suas ordens outros que farão o mesmo se assim for determinado." Jesus Cristo, virando-se para os seus discípulos, exclamou nunca ter visto tamanha demonstração de fé, já que o Centurião, possuidor que era de grandes riquezas, poderia arcar com as despesas relativas aos melhores médicos e aos mais caros medicamentos, entretanto, ao contrário do que se esperava, recorria a Ele para curar o seu criado. Diante disso, daquele mesmo lugar, Jesus curou o servo enfermo.

Na época do Império Romano, morava na cidade de Roma, em um luxuoso palácio, uma família composta pelo pai, o Senador Públio Lêntulus Cornelius,[34] descendente de uma família de senadores e cônsules da República e que, apesar de ser um pai amoroso, era tido como orgulhoso, severo, e rigoroso; sua esposa Lívia, que, muito embora fosse ainda jovem, ao contrário do marido e de outras mulheres que se orgulhavam dos padrões de vida da família, era uma mulher inteligente, valorosa, um verdadeiro símbolo de bom senso e simplicidade, pois, detestava a concepção da época; e a filha do casal, a menina Flávia, de apenas seis anos, mas que, em virtude da doença de que fora acometida, tornara-se o motivo de sofrimento que consumia a família.

O pai já tinha lançado mão de todos os recursos, e procurado os melhores médicos, mas infelizmente, o que ocorria com ela era uma situação sem remédio para a ciência daqueles dias; tratava-se de um caso de lepra, cuja contaminação da moléstia que atingira sua filha, ele, inconformado e cheio de revolta, atribuía aos escravos, já que entre seus antepassados, em nenhuma das famílias havia sido registrado caso semelhante.

Morava também naquela casa uma dedicada serva chamada Ana, moça afetuosa e inteligente, motivo pelo qual se tornara a companhia preferida de Lívia. Por ter muita fé nos milagres de Jesus, Ana sugeriu que a menina fosse levada para receber a benção do Mestre que, certamente aliviaria as dores decorrentes de suas chagas. Lívia, tristonha, respondeu que desejaria ver aquele homem extraordinário, mas infelizmente não se atreveria a pedir essa providência ao marido que, certamente, haveria de recusar; além disso, sendo casada com um homem rico e poderoso e já tendo recebido todos os recursos materiais, ela não se sentia merecedora de receber os benefícios de Jesus.

No entanto, como o sofrimento da filha aumentava cada vez mais, Lívia resolveu conversar com o esposo e pedir-lhe que abrisse mão, pelo menos um pouco de sua posição social e procurasse Jesus, em benefício da própria filha, acreditando que diante da dolorosa situação daquela pobre e inocente menina, o sublime coração do Grande Mestre se apiedaria daquele martírio a que era submetida. O Senador, de início relutou em atender aos rogos da esposa, mas diante de tantas súplicas, ele, apreensivo e incerto, resolveu ceder aos apelos da mulher, alegando porém, que somente por causa da angústia que tinha na alma é que ele transigiria de maneira tão rude com os seus princípios, mas acrescentou que somente o faria à noite e sozinho, para não ser visto, pois, aquilo faria descer a sua própria dignidade política e social, e que, ao encontrar com Jesus, o faria acreditar que para ele seria um grande prazer recebê-lo em sua casa.

Fosse ele, Senador, dotado de fé, saberia que a confiança nas coisas Divinas é um fator de inusitada importância para se enfrentar os óbices da vida. É na fé que o espírito encarnado encontra o antídoto para todos os seus males, e os meios para transportar a sua cruz, e, nesse particular, não deve pedir a Deus para retirar a cruz dos seus ombros, mas que os fortaleça para poder suportá-la.

À noite o Senador saiu de casa, achando que seria difícil encontrar o Mestre, mas, quando andava pelas ruas desertas, de súbito, como se estivesse sob suave magnetismo, ouviu os passos de alguém que se aproximava, diante dos seus olhos, avistou a figura de um homem ainda moço, alto, de cabelos longos e que deixava transparecer no olhar a misericórdia e a bondade, tendo o identificado como sendo Jesus Cristo, o qual num gesto de pura bondade e meiguice se aproximou perguntado por que o Senador o procurava. Após obter a resposta sobre os motivos da procura, Jesus o repreendeu dizendo que ele deveria tê-lo procurado publicamente, e durante o dia, para que pudesse adquirir a sublime lição de fé e de humildade, mas como somente os séculos de sofrimento poderiam encaminhá-lo ao regaço do Pai, Ele atenderia às súplicas daquele coração desditoso e oprimido; entretanto, não era o seu sofrimento que salvaria a sua filha leprosa e desvalida, visto que ele ainda possuía a razão egoística e humana, mas sim, a fé e o amor de sua mulher, porque a fé é divina, bastando somente só raio de suas poderosas energias, para que se pulverizassem os sofrimentos da Terra.

Mandando que o Senador voltasse para sua casa, pois sua filha já estava aliviada daquele sofrimento, Jesus o advertiu das responsabilidades do seu destino, pois, se a fé instituíra em sua casa o que ele considerava alegria, com o restabelecimento da filha ele não se esquecesse de que aquilo representava um agravo de deveres para o seu coração, diante do Pai Todo Poderoso.

Nos capítulos 5 e 6, do livro "Missionários da Luz",[35] o Espírito André Luiz, que ficou conhecido como o repórter espiritual, por enviar ao plano material notícias do que ocorre na espiritualidade, nos dá uma maravilhosa demonstração da força exercida pela oração em nossas vidas. Após o seu desencarne, ele passou algum tempo nas zonas inferiores e, depois de ser socorrido pelos mentores e levado para as colônias beneficentes, passou a dedicar-se ao auxílio daquelas entidades socorristas. Interessado nas questões referentes ao intercâmbio entre encarnados e desencarnados, depois de assistir a uma reunião num centro espírita, o nosso repórter pôde observar a influência que o ambiente exerce nas pessoas, dentro e fora de uma casa de oração. Lá dentro, em razão da comunhão de pensamentos elevados para o bem, que santificam a atmosfera, o ar é purificado pelas preces, enquanto que fora daquele ambiente, diante das emanações grosseiras, o oxigênio torna-se desagradável, pesado e grosseiro, e essa transformação que ocorre, também, nas pessoas encarnadas, podia ser vista de maneira muito clara pelos desencarnados.

Estando acompanhado de seu mentor, que proporcionava as orientações necessárias ao seu aprendizado, André teve a sua atenção voltada para três pessoas que acabaram de sair: uma senhora, um rapaz e uma moça que eram seus filhos. Observando as modificações que se apresentavam no jovem, ele percebeu que na medida em que ele se afastava do núcleo em direção à sua residência, duas entidades de baixo padrão vibratório passaram a acompanhá-lo. Eram antigos companheiros que ele havia adquirido no meretrício, os quais, com ele, haviam criado fortes laços, mas que, agora desencarnados e infelizes, ignorantes e perturbados, estando sintonizados com o seu magnetismo pessoal, a ele se apegaram, tornando-se seus obsessores. Comentando com a mãe, o jovem reclamava que, quando estava no centro sentia-se bem, mas fora dele era acometido de maus pensamentos, e que, apesar de estar casado com uma boa mulher, e, não obstante ser uma pessoa inclinada para o bem, que tentava de todas as maneiras combater as tentações das ideias sombrias, nada conseguia, pois, continuava a sentir verdadeira atração pelos ambientes malignos.

André Luiz, quando encarnado, fora um dedicado e competente médico e, como tal, para as doenças terrenas ele saberia ministrar o medicamento adequado, entretanto, no plano em que se achava agora, ele sentia-se impotente, pois constatando que a moléstia que atingia aquele jovem era de natureza espiritual, não conseguia saber qual o remédio que pudesse aliviá-lo. O Mentor, percebendo a indignação de seu pupilo, sugeriu que o acompanhasse até a residência, e que lá chegando, ele lhe mostraria qual o antídoto para aquele mal.

Seguido de perto, quando o jovem, ainda cercado por aquelas duas formas escuras, chegou em sua casa, um fato chamou a atenção de André: depois que o rapaz entrou na sua residência, os seus dois acompanhantes, embora tentassem, alguma coisa os impedia de acompanhá-lo, ocasião em que o mentor explicou os motivos pelos quais os obsessores não conseguiam fazer o mesmo. É que naquela casa, entre as suas humildes paredes, reinava a paz e o sossego, já que ali morava, também, sua esposa, uma mulher jovem, mas verdadeira amante da oração, e cultivadora da prece fervorosa e reta, cuja permanente emissão de forças purificadoras e iluminadas que nutria o seu espírito, garantiam a tranquilidade naquele lar. O jovem esposo, que há pouco tempo atrás havia jurado diante do altar ser um marido fiel, ao invés de praticar a fidelidade prometida junto à mulher que Deus lhe concedera na condição de esposa, deixara-se entregar à delinquência das forças sexuais, sendo estimulado por aqueles adversários que agora o estão explorando.

Sendo a prece o verdadeiro antídoto contra o vampirismo, pois coloca o orador em contato com as forças superiores, realizando trabalhos de inexprimível significado, todo ambiente doméstico onde residem pessoas de sentimentos elevados, e que se dedicam ao cultivo das preces, torna-se alvo de proteção espiritual, sendo portanto, o motivo pelo qual aquelas infelizes entidades eram impedidas de ali penetrarem. No entanto, isso não significa que os recursos patrocinados pelas orações da esposa sejam suficientes para que o marido tenha restaurado o seu equilíbrio em definitivo. Aquele paliativo é somente um acréscimo ao trabalho que ele deverá devotar fervorosamente, em favor do aproveitamento das bênçãos que recebe, pois, do contrário, elas não sendo definitivas poderão ser a qualquer momento interrompidas ou cessadas. A cura só se dará, portanto, em caráter duradouro se ele corrigir as suas atuais condições materiais e espirituais, ou seja, quando houver uma verdadeira transformação em sua vida.

Essa necessidade de transformação nos faz lembrar uma crônica escrita por Rubem Braga em seu livro "Receitas da Vida"[2] onde ele compara a transformação de uma pessoa, com a do milho de pipoca.

"A transformação do milho duro em uma pipoca macia é símbolo da grande transformação por que devem passar os homens. O milho somos nós – duros, quebra-dentes, impróprios para comer. Mas, a transformação acontece pelo poder do fogo. Milho de pipoca, que não passa pelo fogo, continua a ser milho para sempre".

"Assim acontece com a gente. As grandes transformações acontecem quando passamos pelo fogo. Quem não passa pelo fogo, fica do mesmo jeito a vida inteira. São pessoas de uma mesmice e uma dureza assombrosas. O fogo é quando a vida nos lança numa situação que nunca imaginamos – a dor. Pode ser o fogo de fora: quando perdemos um filho, um amigo, um parente. Pode ser o fogo de dentro: que nos causa pânico, medo, ansiedade, depressão, doenças e sofrimentos. Sem o fogo, o sofrimento diminui, e com isso a possibilidade da grande transformação. Imagino que a pipoca, dentro da panela, ficando cada vez mais quente, pensa que a sua hora chegou – vai morrer. Dentro de sua casca dura, fechada em si mesma, ela não consegue imaginar destino diferente. Não pode imaginar o que está sendo preparado. Aí, sem aviso prévio, pelo poder do fogo, a grande transformação acontece, e ela aparece completamente diferente, como nunca havia sonhado. Terminado o estouro alegre da pipoca, no fundo da panela ficam os piruás, que não servem pra nada".

"Piruá é o milho que se recusa a estourar. São aquelas pessoas que por mais que o fogo esquente, recusam-se a mudar. A sua presunção e o medo são as duras cascas que não estouram. Ficarão duras a vida inteira, e não vão dar alegria a ninguém. Seu destino é o lixo."

Em se tratando ainda de transformação, não poderíamos esquecer-nos de falar também sobre um grande homem que, quando esteve na Terra, sua convicção com a Doutrina Espírita teve muita semelhança com a do professor José Herculano Pires, que ocorreu posteriormente. Trata-se do médico, doutor Adolfo Bezerra de Menezes Cavalcanti. Nascido no ano de 1831, em um pequeno município do interior do Ceará, Bezerra de Menezes desde criança sonhava em ser médico, mas seu pai, homem de coração muito bom e sempre propenso a fazer caridade, em razão da perda de suas economias pela exploração que sofria dos parentes e amigos, viu-se impossibilitado de custear os estudos do filho. Entretanto, isso não foi motivo suficiente para que o jovem desistisse de seu sonho, e, em 1851, ele, com os poucos recursos que possuía, partiu para o Rio de Janeiro, onde iria estudar medicina.

Foi muito difícil para Bezerra de Menezes arcar com os gastos dos estudos e, durante o período em que esteve na faculdade, para poder sustentar suas despesas com as taxas do curso, moradia, alimentação e outras, teve que abrir mão do descanso, sacrificando os seus dias e suas horas de folga para ministrar aulas particulares, até que, em 1856, com muita alegria, viu o seu sonho se tornar realidade, quando recebeu o diploma de médico.

Bezerra de Menezes, como a maioria dos jovens de sua época, era também, de origem familiar católica; no entanto, quando chegou ao Rio de Janeiro, aos poucos foi percebendo que aquela crença não era firmada em uma fé raciocinada; por isso, pensou em abandoná-la, somente em 1863, com a morte de sua esposa, ele voltou a interessar-se pelas questões religiosas, procurando dessa vez, acreditar em algo que se firmasse na razão.

Naquela ocasião, Bezerra de Menezes repudiava o Espiritismo por medo que ele desarranjasse suas ideias, entretanto, tendo sido acometido de uma doença séria, e, como não conseguisse obter melhora em sua moléstia através da medicina oficial, teve as portas da Doutrina Espírita abertas por um amigo e colega de profissão que lhe sugeriu experimentar o tratamento espiritual, cuja sugestão foi acolhida com muita fé e perseverança, em apenas três meses de acompanhamento ele estava completamente curado. A partir daí o doutor Adolfo Bezerra de Menezes Cavalcanti, por ter encontrado onde assentar sua crença atirou-se de corpo e alma no estudo da Doutrina e, diante da aliança verificada entre as pesquisas científicas medicinais com o Espiritismo, ele passou a sentir-se um novo homem, e assim, em 16 de agosto de 1856, durante uma de suas eloquentes palestras, diante de cerca de duas mil pessoas reunidas, de maneira solene, orgulhosamente declarou-se adepto e fervoroso seguidor da Doutrina Espírita.

É por esse motivo, entre inúmeros outros, que uma significativa parte da ciência já tem reconhecido como verdadeira a cura pela fé. O médico psiquiatra, doutor Harold Koenig, formado pela Universidade da Califórnia, em São Francisco, e também diretor do Centro de Estudos da Religião, Espiritualidade e Saúde da Universidade de Duke, nos Estados Unidos, especialista em assuntos que envolvem a religião e a fé no processo de cura, afirma que "a oração fervorosa tem papel importantíssimo no restabelecimento de pessoas doentes." Segundo ele, os estudos têm demonstrado a conexão existente entre a fé e a cura, pois, os pacientes que se apoiam em sua crença religiosa progridem muito mais do que aqueles incrédulos. Há uma gama enorme de evidências nos estudos científicos – diz o médico – que as pessoas que oram e tem fé são mais saudáveis do que aquelas que não o fazem, pois a fé ajuda muito, já que dá às pessoas uma atitude positiva, esperança e um profundo sentido de alegria.

Alguns pacientes contaram que a fé em Deus os ajudou a alcançar a paz e a felicidade, em meio às suas doenças. Estudando os seus pacientes, o doutor Harold percebeu que a fé é uma ferramenta poderosa na luta contra os problemas médicos, pois aqueles que se apoiavam na fé apresentavam redução do estresse e, consequentemente uma mudança no processo fisiológico, que é essencial para a melhora e recuperação. Em um estudo feito em Toronto, e que foi apresentado no encontro anual da Academia Americana de Neurologia, em Miami, ele mostrou que pessoas que sofriam do mal de "Alzheimer", mas que tiveram experiências religiosas, portanto, detentoras de fé, perderam mais lentamente as suas funções mentais em comparação àquelas desprovidas de crença.

Dessa forma, é de se concluir que, sem uma oração assentada em uma ardente fé, dificilmente a cura de qualquer moléstia será obtida. Como podemos manter um estado de saúde plena se, ao invés de cultivarmos a fé em nossos corações, cultuamos nele o ódio, rancor mágoa e tristeza? A Doutrina dos Espíritos nos dá a resposta exata para essa pergunta, quando nos esclarece que em nenhum momento de nossas vidas, mesmo não tendo ninguém por perto, estamos sozinhos e desamparados, pois Deus, nosso Pai, na sua infinita misericórdia, sempre põe ao nosso lado os espíritos que têm como função nos ajudar e nos proteger, aconselhando-nos a ter fé nas Leis Divinas.

A fé nos estimula a continuar em vez de desistir, e além de fazer as pessoas se sentirem amadas por Deus, ela ainda auxilia-nos a perdoar e nos motiva a amar e a nos preocupar com os outros. A esse respeito, Victor Rebelo, editor da Revista Cristã de Espiritismo, se expressa da seguinte maneira: "Sinceramente, a grande cura virá quando o amor reinar entre nós."

4

A fé nas leis naturais

Sabemos que toda a harmonia que regula as atividades existentes no Universo é regida por leis que abrangem tanto o plano material, como o espiritual, e são essas leis que impulsionam os homens para o Plano Divino. O que difere uma da outra é que a lei material está escrita no papel, e é feita pelo homem; consequentemente, estando ele sujeito a falhas e enganos, as normas por ele ditadas hão de ser, obrigatoriamente, temporárias e mutáveis, ao passo que as leis que regem a espiritualidade, portanto, chamadas Leis Divinas, por estarem escritas na consciência de cada pessoa, são eternas e jamais poderão ser modificadas.

1 A Destruição necessária

Às vezes nós questionamos sobre o porquê de tantas catástrofes e das tragédias que têm ocorrido em várias partes do mundo, como as guerras, os terremotos, maremotos, acidentes aéreos, epidemias e muitas outras que, além de provocarem grandes estragos e enormes prejuízos materiais, tantas vidas têm ceifado. No mês de dezembro de 2004, na Ásia, ocorreu o fenômeno das ondas gigantes, as quais vitimaram mais de duzentas mil pessoas, sem contar que em consequência da calamidade pública em que se transformou, um número incalculável de pessoas veio a morrer posteriormente, vítima do surto de infecções pulmonares, sinusite e outro tipo de moléstia que lhe paralisava o cérebro. Também na China, as chuvas torrenciais das últimas semanas de junho de 2005, levaram os rios a saírem dos seus leitos, provocando deslizamento de terra e ocasionando a morte de quinhentos e sessenta e sete pessoas, deixando outras cento e sessenta e cinco desaparecidas.

Diante das explicações que nos são dadas a respeito, pela Doutrina Espírita e levando-se em conta as palavras do Papa João Paulo II, quando ele, em uma de suas visitas ao Brasil, disse: "É preciso sacudir a árvore para que os frutos podres caiam", podemos chegar à conclusão de que, assim como a árvore que carece de ser sacudida para a queda dos seus frutos apodrecidos, a natureza provoca essas calamidades a fim de que os espíritos rebeldes e persistentes no erro sejam, provisoriamente afastados, deixando de embaraçar o progresso daqueles outros que estão em franca evolução. Trata-se, portanto, de uma lei elaborada pela própria natureza. Muito embora saibamos que quando a árvore é sacudida para derrubar os frutos estragados, alguns outros que estão bons também poderão cair no chão, usando o raciocínio lógico, concluímos que a semente não nasce se não for destruída; por isso, a queda daqueles bons não será em vão, pois no solo, suas sementes germinarão e proporcionarão o nascimento de novas árvores que certamente produzirão bons frutos.

Esse tipo de destruição, quando vista pelo lado negativo, pode parecer não estar de acordo com a justiça de Deus. No entanto, aqueles que já têm conhecimento, pelo menos em parte, dos ensinamentos contidos no Evangelho, sabem que a vida terrena do homem não está somente no invólucro corporal, mas também, e principalmente, no princípio inteligente que sobrevive ao corpo. Em vista disso, é preciso entender que as destruições mencionadas se façam necessárias por dois motivos: em primeiro lugar, porque elas visam como fator principal, a regeneração moral dos espíritos, e em segundo, porque se trata de uma forma de transformação que ocorre com a finalidade de manter o equilíbrio da reprodução dos seres. É a Lei da **destruição necessária.**

Portanto, para aqueles que veem essas destruições não como necessárias, mas como uma injusta e cruel tragédia, dizemos que estão verdadeiramente equivocados, pois ela se apresenta como tal, somente para aqueles que, desprovidos da fé raciocinada, não querem enxergar a realidade. À medida que o homem passar a compreender melhor as Leis Divinas, entenderá, por certo, que nada é obra do acaso, tudo é um planejamento realizado nos Planos Superiores, e que tais leis são para secar a fonte do mal. O Espiritismo, que muito já contribuiu e continua contribuindo para o progresso, fará os homens entenderem que podem assegurar o seu futuro através do presente, ensinando-lhes a grande solidariedade que os deve unir como irmãos.

2 Destruição abusiva

Ao contrário do que ocorre na destruição necessária, que existe em razão de como a própria palavra diz, ser necessário se destruir para que haja uma renovação, outros tipos existem, mas que são feitos de maneira cruel e desnecessária, provocados pelo egoísmo, pelo orgulho e pela dureza de coração do homem, que na busca de suas satisfações e de suas paixões, deixa o instinto animal prevalecer sobre o espiritual. Estamos nos referindo à destruição abusiva. Cumpre salientar que jamais essas modalidades de destruição existentes devem ser confundidas umas com as outras. Dentre as inúmeras maneiras de destruição abusiva destacamos:

2.1 A Eutanásia

Cuja palavra de origem grega, significa boa morte ou morte apropriada, e que consiste na abreviação da vida, em razão da impossibilidade de vencer as doenças, antevendo a total impotência em conferir ao paciente uma vida digna e saudável. É, enfim, o ato de antecipar a morte para aliviar os sofrimentos de um enfermo, mas que, quando ocorre, provoca o entrave do princípio inteligente, e, consequentemente, o impedimento do cumprimento de uma missão ou a obstrução da realização de uma prova ou expiação.

Esse tipo de destruição teve a primeira proposta de sua legalização em 1623, por Francis Bacon, sob a alegação de ser o único paliativo adequado às doenças supostamente incuráveis, pois, além de minorar o desespero do paciente, visava também diminuir o sofrimento de parentes que não mais desejavam ver a angústia e a dor do seu ente querido, atitude essa que representa, tanto no aspecto psicológico, como no espiritual, um motivo exclusivamente egoístico.

Quando vemos alguém acometido de alguma doença grave, ou quando somos portadores de alguma moléstia incurável e irreversível, e não vendo nenhuma perspectiva para o futuro, achamos que, por nunca termos feito mal a ninguém, não somos merecedores de uma sina tão cruel, e esse inconformismo faz com que a nossa dor seja muito maior, daí surgindo a nossa rebeldia e as nossas blasfêmias. Porém, se consultarmos nossa consciência vamos verificar que tais males nada têm de injusto. São efeitos de algo que nós mesmos provocamos nessa vida ou em uma existência anterior.

Em certa ocasião, um grupo de pessoas acompanhava Chico Xavier numa de suas visitas a uma senhora que trazia o corpo coberto de chagas. O quadro era tão chocante, que um médico que também o acompanhava perguntou: – "Chico, a eutanásia não seria uma benção para ela?" O Espírito Emmanuel, sempre presente, disse a Chico: – "Diga ao nosso irmão que essa nossa irmã nunca esteve tão bem. Nas três últimas encarnações ela se matou, e nessa, apesar de todo o seu sofrimento, não pensou uma vez sequer em suicídio".

Com relação às indagações do médico, esclarecemos que, não é nossa intenção desvalorizar a medicina, nem tampouco, menosprezar a capacidade dos cirurgiões, porém, é preciso ter muita cautela e usar sempre o bom senso, deixando que aquilo que foi determinado pela Providência Divina siga o seu curso naturalmente. O Espírito André Luiz nos alerta: "que ninguém corte onde possa desatar". Desse modo, ninguém tem o direito de cortar a vida bruscamente, pelo fato de que ela deverá desprender-se da mesma forma do desatar do laço. O emprego da eutanásia, portanto, mesmo sendo aceito e legalizado pelas normas elaboradas pelos seres humanos, fere de maneira violenta e desrespeitosa a Lei de Deus.

É bom lembrar, também, que os pacientes ditos terminais, na maioria das vezes estão em estado de coma, e assim sendo, nessa situação, estarão eles em condições psicológicas de optar por viver ou morrer? Creio que não, pois, se estiver e o fizer, sem dúvida nenhuma estarão cometendo suicídio. Além do mais, qual é o médico que tem a certeza absoluta de que o seu paciente realmente irá morrer? Terá ele, o dom de conhecer as vontades Divinas? Os seus conhecimentos científicos estarão acima daquilo que foi determinado pelo Criador? No capítulo 28 do livro *O Evangelho Segundo o Espiritismo*, que versa sobre as instruções dos Espíritos, está descrito que:[12] "A que extremo tenha chegado um moribundo, ninguém pode dizer com certeza que soou a sua hora final."

Na Cidade de São Paulo mora uma moça chamada Sheila Dias de Oliveira, hoje com vinte e três anos de idade, que sofre de leucemia, e quando criança, sendo órfã de pai e mãe, foi menina de rua. Em virtude dos maus tratos nos orfanatos, teve que passar por várias cirurgias, tendo-lhe sido retirado o útero e um rim, e passando cinco anos em coma. Com dificuldade para andar e sofrendo de incontinência urinária, mesmo assim ela se sente feliz. Diz ela que, quando estava em coma, sentia cheiro de rosas, via imagens de pessoas e, quando questionada sobre dores, responde que fisicamente não sentia nada, mas ficava muito mal e chorava por dentro, diante da indiferença do médico que dizia que ela havia tido morte cerebral, e que o melhor seria desligar os aparelhos. Ela diz que via assustada o seu próprio corpo imóvel na cama; que encontrou pessoas que já haviam morrido; e que recebia mensagens positivas, e inspiração para a sua fé em Deus. Com essa experiência, não é de surpreender que a moça, quando inquirida sobre a eutanásia, rejeite procedimentos que abreviem a vida dos pacientes, pois o doente em coma entende o que está acontecendo. O que deve ser feito – diz ela – é pegar na mão do doente e conversar sobre coisas boas.

Há pouco tempo atrás, em um programa jornalístico, tomamos conhecimento de um cidadão americano, se não me falha a memória, que ficou tetraplégico em virtude de uma queda, e naquela ocasião, estando desenganado pela medicina, chegou-se a pensar em aplicar-lhe a eutanásia; porém, a razão falou mais alto e dez anos depois, de maneira inexplicável pela neurologia e pela própria família, ele voltou a andar e a falar. No capítulo 5, item 28 do livro "O Evangelho Segundo o Espiritismo", São Luiz faz a seguinte advertência: "Aliviai os últimos sofrimentos, mas guardai-vos de não abreviar a vida, mesmo que em um minuto apenas, pois esse minuto pode poupar muitas lágrimas no futuro."[12]

No ano de 1980 na cidade de Manaus, capital do Estado do Amazonas, as irmãs gêmeas Ana Maria e Mariana, com dois anos de idade, depois de uma febre muito alta, seguida de convulsão, submergiram em uma espécie de letargia, e, a partir daquele dia, elas perderam além da fala, também, os movimentos das pernas e dos braços. Após vários exames, os médicos diagnosticaram paralisia cerebral, não restando para elas nem para a família nenhuma esperança de cura. Aquela família jamais cogitou a hipótese de eutanásia como meio de acabar com o sofrimento das meninas, pois, sendo portadora de uma fé inabalável, ela confiava em uma resposta da Providência Divina, tendo isso ocorrido em 2003, vinte e três anos depois, na Santa Casa de Misericórdia de Manaus, quando um novo exame neurológico foi realizado nas irmãs.

Para surpresa de todos, foi descoberto, através de novos exames, que elas foram acometidas não de paralisia cerebral, mas sim, de uma moléstia conhecida com "Síndrome de Segawa", cujas características constituem-se em distúrbios de postura e locomoção. Iniciado o tratamento, a medicação no organismo logo começou a surtir efeito, primeiramente em Mariana, que em apenas quatro meses começou a se movimentar e falar. Ana Maria, emocionada em ver a irmã andando, sentiu que ela também iria conseguir, e um mês depois, da mesma forma, aos poucos foi conseguindo levantar-se da cama, dar alguns passos e balbuciar algumas palavras. Atualmente, as duas irmãs estão sendo alfabetizadas, cursando normalmente a escola e, quando perguntadas sobre o que pretendem fazer no futuro, com muita alegria uma diz que pretende ser aeromoça e a outra quer ser secretária.

Não se pode afirmar, nesse caso, que houve erro ou culpa dos médicos que diagnosticaram, em princípio, a epilepsia cerebral, pois não obstante a Síndrome de Segawa ter sido descrita na literatura médica pela primeira vez em 1977, no Japão, em 1980, época em que a doença se manifestou nas irmãs, a moléstia ainda era pouco conhecida em razão de ser um problema hereditário, genético e extremamente raro, havendo poucos casos confirmados em todo o mundo. Entretanto, uma coisa é certa: a fé é um dos grandes remédios para todos os males, portanto, ao invés de revolta, ou de inconformismo nas situações que às vezes nos pareçam injustas, o que devemos fazer é pedir ao Criador que nos dê forças para suportá-las e aguardar com paciência e resignação, pois, mais cedo ou mais tarde, virá a recompensa.

O Desembargador Pedro Soares Correia, em seu livro "Da Eutanásia" (livraria Três Poderes, páginas 40/41) narra um fato ocorrido com um médico francês, que teve sua filha acometida de uma doença grave, a difteria. Naquela época, essa moléstia já havia atingido a espantosa cifra de 99% das mortes ocorridas na França. Muito embora aquele pai se desvelasse em cuidados, valendo-se de tudo para salvar a filha, o sinal percussor da morte não tardou a surgir. A ansiedade do restabelecimento da filha doía no fundo da alma daquele desditoso pai que, como médico, e sem vislumbrar nenhuma perspectiva de cura, concebeu a dolorosa e triste resolução de abreviar-lhe o sofrimento através da aplicação de uma forte dose de ópio. Ele assim fez, e a morte logo ocorreu. Assim que voltou para casa, após o enterro da filha, o médico recebeu um telegrama de colegas, aos quais ele havia pedido ajuda, cuja mensagem dizia que o soro antidiftérico havia sido descoberto e que a sua aplicação fora coroada de êxito. Dizia ainda o telegrama, que o médico deveria aguardar a breve remessa do medicamento.

É por esse e por outros motivos que a Doutrina Espírita, como não poderia deixar de ser, desaprova a eutanásia, assim como toda e qualquer medida que tenha como objetivo eliminar uma vida; dessa forma, no primeiro caso, ou seja, no aspecto psicológico, cada um de nós deve estar devidamente preparado para encarar a possibilidade de vir a presenciar ou até conviver com pessoas doentes terminais, às quais a medicina convencional não anteveja melhoras, e, assim podermos enfrentar a nossa incapacidade de lidar com os seus sentimentos, e com resignação, participar do sofrimento e da agonia dos nossos mais caros, vendo isso não como um flagelo inexplicável, mas, como o exato cumprimento de suas oportunidades e experiências.

Um exemplo de pessoa psicologicamente preparada para enfrentar esse tipo de situação foi Chico Xavier. Uma de suas cunhadas deu a luz a um filho que nasceu com os olhos cobertos por uma espessa névoa que o impossibilitava de enxergar, e além disso, o menino tinha os braços e as pernas atrofiados. A situação da criança era tão deplorável, que causava medo às pessoas que o viam. A própria mãe, ao constatar tamanha deformidade, foi acometida de um choque tão grande, que foi necessário interná-la em um hospital de doentes mentais. A criança ficou sob os cuidados de Chico, cuja tarefa não lhe foi nada fácil, pois ele tinha que lhe dar banho, medicá-lo e ainda aplicar-lhe um clister diariamente, sem contar que, pelo fato do menino não conseguir deglutir, Chico tinha que formar uma pequena bola com a comida, colocar em sua garganta e empurrar com o dedo para poder alimentá-lo. Tudo isso Chico fez durante quase doze anos, com muita fé, boa vontade e resignação, sem que nunca, jamais, lhe tenha passado pela mente a ideia de abreviar-lhe o sofrimento. Quando o sobrinho piorava, Chico rezava muito pedindo para que ele não desencarnasse, pois já o amava como se fosse seu próprio filho. Um certo dia o Espírito Emmanuel, mentor espiritual de Chico, lhe disse: – Ele só vai desencarnar quando o pulmão começar a se desenvolver e não encontrar espaço. Aí então, qualquer resfriado poderá transformar-se numa pneumonia e ele partirá. Quando estava próximo aos doze anos, o garoto foi acometido de uma forte gripe e começou a definhar. Na hora do desencarne, seus olhos voltaram a enxergar. Ele olhou para Chico e procurou traduzir toda a sua gratidão através daquele olhar. Emmanuel, explicou:

– Graças a Deus! É a primeira vez, depois de cento e cinquenta anos, que seus olhos se voltaram para a luz. As suas dívidas do passado foram liquidadas. Louvado seja Jesus.

É por esse e por muitos outros exemplos, que propagamos a necessidade da pessoa estar psicologicamente preparada. Já no aspecto espiritual, encaramos a prática da eutanásia, quando desejada pelo enfermo, como sendo um verdadeiro suicídio, pois a desistência do paciente de continuar vivendo, significa renúncia às provas e expiações a que se acha sujeito, ou seja, a interrupção da depuração espiritual, cuja iniciativa somente a Deus cabe.

Se pesquisarmos os registros da história da humanidade, vamos verificar que, por volta do ano 400 a.C., portanto, muitos séculos atrás, esse tipo de eliminação do ser humano, em outras palavras, a eutanásia, já era utilizada. Hipócrates, aquele que na sua época ficou conhecido como o Pai da Medicina, era muito procurado pelos seus pacientes considerados em estado terminal, a fim de receberem através de injeção, um produto químico que os levaria à morte, e que, supostamente, colocaria fim aos seus sofrimentos.

Nos Países Baixos, a prática da eutanásia já é reconhecida como um ato legal desde abril de 2001. Também na Itália, o presidente da Federação da Ordem Médica disse que fará uma reunião com os médicos para saber a opinião deles a respeito da eutanásia. Em caráter pessoal, o presidente declarou-se a favor da aplicação da medida, em alguns casos, justificando que na presença da morte cerebral seria falta de ética insistir na manutenção do paciente em aparelhos.

Alguns juristas têm se preocupado em estabelecer direitos ao indivíduo, porém, sem qualquer tipo de abordagem aos direitos da pessoa enferma. Isso se constitui em um grande perigo, pois nessa preocupação eles agem como se fossem donos da verdade, sem levar em conta que assim procedendo, estarão prejudicando o processo de moralização do ser humano, fazendo consequentemente, conceitos distorcidos de justiça. Essa ideia de justiça que eles fazem, distorcida de seu verdadeiro significado, torna-se um verdadeiro empecilho à evolução do ser humano, levando os seus idealizadores a se convencerem de que são verdadeiros homens justos.

A nossa grande preocupação é que o emprego da eutanásia venha a desencadear a prática condenável do suicídio, já que o paciente considerado incurável e possivelmente sem chances de sobreviver, sabendo que estará sujeito a morrer nas mãos de outras pessoas, resolva pôr fim à sua vida pelas próprias mãos, atitude essa que os ensinamentos dos Espíritos classificam como sendo uma das mais graves infrações às Leis de Deus. Com a chegada da Doutrina Espírita, que veio trazer aos homens uma verdadeira luz àquilo que foi ensinado por Jesus Cristo, esperamos que ela possa iluminar a mente dos nossos legisladores e dos de todos os demais países, fazendo-os enxergar que nada mais pode justificar a continuidade da inconcebível prática da eutanásia.

2.2 O Aborto

Pelas consequências advindas de sua prática, é considerado como um dos crimes mais nefandos, por se constituir em uma covarde agressão à criatura humana; um verdadeiro atentado contra a vida de um ser que ainda não pode se defender. Da mesma forma que as outras modalidades de destruições abusivas, a interrupção de uma gravidez, também sempre se fez presente em todas as etapas evolutivas do nosso planeta, e apesar de se constituir uma prática comum, em todas elas a sua consumação careceu de atitudes normativas e repressivas, a fim de que as manobras abortivas, por não serem reprimidas, continuassem sendo uma banalidade, onde a vida de um ser humano fosse desprezada da mesma maneira que como se é jogado ao lixo um objeto inútil e sem nenhuma importância.

Para aqueles que ainda não conhecem os ensinamentos cristãos, dizemos que Deus, ao criar o ser humano, determinou que sua existência fosse reconhecida como tal, e com esse reconhecimento, o direito à vida se tornasse inviolável. A prática do aborto quer como fim, quer como meio, sempre foi considerada contrária à lei moral, e essa afirmativa pode ser confirmada em "O Livro dos Espíritos", quando diz:[11] "tudo que entrava a marcha da natureza é contrário a lei geral."

Certa vez Chico Xavier e o seu grupo dirigiram-se a um humilde barraco, onde morava um jovem que além de total alienação mental, nascera com o corpo totalmente deformado, e que, para se alimentar e banhar necessitava de auxílio de terceiros. Aquele mesmo médico, que fazia parte do grupo, diante da situação daquele rapaz, comentou: "A nossa medicina está tão avançada, que já tem condições de detectar a má formação do feto no início da gravidez; nesse caso Chico, o aborto seria razoável? Não seria preferível evitar que ele nascesse para não viver em condições tão deprimentes?

– Não creio – respondeu. – Esse rapaz, na sua última encarnação tinha muito poder. Perseguiu, maltratou e com torturas desumanas tirou a vida de muitas pessoas. Algumas o perdoaram e outras não, o perseguiram durante toda a vida. O seu desencarne foi ansiosamente aguardado, e assim que ele deixou o seu corpo, eles o arrastaram e torturaram de todas as maneiras, e o teriam arrastado por séculos, não fosse a providência caridosa do Plano Superior. Portanto, o corpo disforme e mutilado desse rapaz representa uma benção para ele. Foi o único jeito que o Plano Espiritual encontrou para escondê-lo de seus inimigos. Enquanto eles o procuram na Europa envergando uma mente brilhante de estadista, ou político, ele, aqui nesses confins e nesse corpo atrofiado, jamais será encontrado. Com o passar dos anos, muitos daqueles seus inimigos já o terão perdoado; outro reencarnado. Por isso, o aborto, caso tivesse sido praticado, seria o mesmo que devolvê-lo aos seus inimigos para que continuassem a torturá-lo.

Diante disso é de se concluir que o homem só pode interromper uma gestação sem violar as leis naturais, quando isso for necessário, porém, essa necessidade há de ser manifesta, ou seja, que não haja outro meio, caso contrário, se constituirá em um abuso inadmissível. Ora, se Deus confiou ao homem o nobre encargo de preservar a vida, conclui-se que ela deva ser protegida com o máximo cuidado desde a concepção; dessa forma, ninguém tem o direito de optar pela morte de outrem.

No ano 200 d.C., a punição para a prática do aborto era aplicada à mulher casada, mas em defesa do marido. Já na idade média, com a ligação da Igreja e o Estado, esse tipo de crime passou a ser punido, também, pelo fato de que tal prática impedia que se ministrasse o sacramento do batismo. As nossas legislações vigentes classificam o aborto – provocado por violência ou por qualquer instrumento – como um delito grave, não só pelos motivos acima, como também, para assegurar o sagrado direito à vida.

A sociedade poderia ser regida apenas pelas Leis Naturais, porém, levando-se em conta que não obstante o grande avanço da humanidade, mesmo assim, no seu estágio evolutivo atual, ela ainda se encontra mergulhada no egoísmo, e como os homens não compreendem ou não se dispõem a praticar aquelas leis, foi preciso criar normas determinantes das diretrizes de comportamento nos diversos ramos das atividades humanas, que viessem a disciplinar e frear todo tipo de comportamento abusivo, determinando sanções pela sua não observância, e cuja punição pudesse levar a criatura envolvida em atitudes negativas ao caminho do bem, tudo isso objetivando a preservação da sociedade como um todo.

Apesar da gravidade desse tipo de crime, existe atualmente na Câmara dos Deputados, um projeto objetivando a descriminalização do aborto, sob a justificativa, entre outras, de que a opção pela manutenção, ou não, da gravidez deve ser legalmente garantida a todas as mulheres, devendo o Estado fornecer as condições necessárias para que os serviços de saúde possam prestar atendimento àquelas que necessitam ou optem por interromper a gravidez, já que o aborto é responsável pelo grande número de internações hospitalares e morte de mulheres, as quais mesmo na ilegalidade, realizam o procedimento às ocultas, e cuja clandestinidade propicia e assegura a existência de clínicas particulares, onde os serviços não são fiscalizados, o que gera a impossibilidade de controle por parte das autoridades competentes. Aqueles que são defensores da descriminalização do aborto, alegam também que no aspecto religioso, as crenças e as convicções preponderam sobre a razão, e por isso, o principal inimigo da descriminalização é o preconceito religioso e a negação hipócrita da realidade. Tentam ainda justificar suas ideias, alegando que o embate não é só em função do direito – ou não – de abortar, mas a todo assunto que perpasse os direitos reprodutivos, tais como o uso de preservativo, a contracepção de emergência ou as pílulas do dia seguinte, para evitar a gravidez em caso de violência sexual, ou até mesmo nos casos de anomalias fetais incompatíveis com a vida. Ora, se a finalidade da elaboração desse projeto é principalmente para proteger a saúde da mulher como alegam, é bom lembrar que uma equipe especialista da Universidade de Oslo, na Noruega, realizou estudos sobre o estado emocional daquelas que sofreram aborto, utilizando para isso, quarenta mulheres que tiveram aborto natural e oitenta que agiram por opção. De acordo com o resultado, ficou comprovado que os abortos naturais causam depressão e ansiedade, apresentando os mesmos problemas psicológicos de pessoas que viveram um evento muito traumático, mas somente durante os seis primeiros meses depois da perda do bebê, enquanto que, aqueles que foram realizados de forma induzida tiveram um efeito muito mais negativo e duradouro, podendo levar a mulher às raias da loucura e até mesmo ao suicídio.

A dirigente das pesquisas declarou que, para as mulheres que se submeteram ao aborto por decisão própria, as reações emocionais, além de terem um maior período de duração, podendo atingir a marca de cinco anos, são também, muito mais complexas, pois podem a elas causar depressão e ansiedade, como ocorre com as demais abortadas, propiciam, ainda, o sentimento de culpa, vergonha, desajuste das energias psicossomáticas, esterilidade, infecções crônicas genitais e outras enfermidades.

Em uma palestra realizada em Madri, Capital da Espanha, o ginecologista doutor Richard Warn, afirmou que a realização do aborto causa transtornos mentais não só às pacientes, como também àqueles que o executam, pois, alguns médicos envolvidos em manobras abortivas, depois de um certo tempo, passam a sofrer de insônia; outros têm pesadelos durante a noite e acordam suados e gritando, falando de sangue e de corpos de crianças destroçados; outros ainda, passaram a beber demasiadamente e usar drogas, e muitos deles em razão do péssimo estado psicológico, tiveram que consultar especialistas de desordens mentais. Algumas enfermeiras tornaram-se alcoólatras, e a grande maioria delas, em decorrência disso, foi afetada por uma série de perturbações mentais, o que as obrigou a abandonar aquela nobre e sublime profissão. Por isso, diante do sofrimento emocional que pode ser imenso, toda mulher, quando se encontrar nessa situação, deve antes de tomar a iniciativa de abortar, colocar na balança as consequências advindas de sua ação. Jesus, quando disse: "Orai e vigiai", quis nos ensinar que, além de orar, devemos também vigiar, melhor dizendo, tomar as precauções necessárias para não cairmos em tentação. A mulher, ao interromper a gestação, deixou de vigiar, não cuidou para que a gravidez não se consumasse, e por isso caiu na tentação de praticar aquilo que a Lei Divina considera como uma das faltas mais graves, o aborto.

Quanto às alegações de que as religiões perpassam os direitos reprodutivos, ou que os preconceitos religiosos reprovam a prevenção da gravidez, essa afirmativa não se coaduna com os ensinamentos da Doutrina Espírita, pois ela veio, justamente, como um alerta no intuito de orientar a todos para que não caiam em erros que lhes proporcionarão muitas dores e sofrimentos, e não para se posicionar contra a liberdade reprodutiva, portanto, ela nunca foi e jamais será contra o processo de procriação.

A negativa de que a Doutrina dos Espíritos reprova o processo de procriação, ficou devidamente comprovada no Congresso Sobre Medicina Espiritual, realizado nos dias 19 a 21 de junho de 2003, no Centro de Convenções do Anhembi, após a exposição de renomados médicos espíritas, tais como a psicóloga doutora Ana Paula Brum, o médico e professor de psiquiatria, doutor Harold Koenig, o médico colombiano doutor Fábio Villarraga, doutora Marlene Nobre e outros. Naquela ocasião o doutor Fábio Villarraga, em sua palestra, expôs aos presentes um artigo de sua autoria, contendo dez itens relativos aos direitos das crianças, cujo título era "Direito da Criança não nascida", dos quais mencionamos dois: "Tenho direito a permanecer meus primeiros nove meses no seio materno, a não ser que causas naturais me impeçam disso, quando então, só assim, as enfrentarei com valentia;" "Se Deus e meus pais me deram a vida, tenho o direito de nascer para viver e alcançar a felicidade." Ao final dos debates, chegou-se à conclusão de que a Doutrina é totalmente a favor da prescrição de métodos de controle da natalidade que impeçam a fecundação, tais como a pílula anticoncepcional oral, o uso de preservativos – que tem também um fim social sanitário de prevenir o corpo físico das doenças –, diafragmas e tabelas. O que o Espiritismo não aceita é a prática do aborto, consequente de uma gravidez irresponsável.

À luz da Doutrina Espírita, o corpo biológico representa um empréstimo de Deus, para que o ser – espírito encarnado – tenha a oportunidade de dele se utilizar, a fim de participar da obra da criação, de acordo com as diretrizes traçadas pelas Leis Divinas. Deus, quando concedeu à mulher a faculdade sublime de emprestar o seu corpo para a procriação, determinou que isso fosse desenvolvido com o mais puro e sincero gesto de amor e carinho. É por isso, portanto, que chamamos de irresponsável àquela gestação que se originou não por um ato amoroso e devidamente planejado, mas sim, por intermédio de uma atitude momentânea e inconsequente de prazeres carnais. Nesse caso, a pretendida morte do embrião ou feto, terá como escopo, ou encobrir a vergonha da mulher atingida por uma gravidez indesejada ou proteger a honra da família vilipendiada, e, cuja consequência será (sem contar com os problemas psicológicos que poderão ocorrer em mulheres ainda jovens que vieram a engravidar por ocasiões de festas), certamente, a frustração do retorno de um espírito a este mundo de provas e expiação.

No entanto, se a gravidez ocorrer dentro dos preceitos morais e cristãos, e se mesmo com acompanhamento médico ela representar riscos para a vida de uma gestante já portadora de enfermidades (as quais, associadas à gravidez, possam agravar a saúde ou levar a morte), é evidente que não haverá nenhuma falta condenável na realização do aborto. Essa afirmativa pode ser verificada na questão nº 359 de "O Livro dos Espíritos"[11], quando Allan Kardec indaga aos Espíritos Superiores se há crime em sacrificar a criança para salvar a vida da mãe, e obtém como resposta que: "é preferível sacrificar o ser que não existe a sacrificar o que existe". Em suma, o fato de a Doutrina se posicionar contra a descriminalização do aborto, ocorre em razão de que, muito embora uma grande parcela da sociedade se diga religiosa, observa-se que na prática, existe um enorme distanciamento de Deus, pois o cumprimento das regras morais contidas nos ensinamentos de Jesus Cristo ainda está longe do comportamento padrão das pessoas que formam os núcleos familiares. A lei que proíbe o aborto, portanto, embora sendo muito criticada, é deveras salutar, não somente no ponto de vista social, mas também, e principalmente, no que diz respeito ao aspecto moral e espiritual.

2.3 A Pena de Morte

Temos verificado ultimamente, através de noticiários, que uma das grandes preocupações nas sociedades de todo o mundo é, sem dúvida nenhuma, o crescente aumento da violência e da criminalidade. As famílias, na sua grande maioria, já não têm o sossego e a tranquilidade necessária para sair, ou verem os seus entes queridos se ausentarem de suas casas para o trabalho, ou mesmo para um passeio, sem se questionar se retornarão vivias e ilesas aos seus lares.

A violência, de certa forma, sempre foi uma constante na história da humanidade. Desde épocas remotas, vemos assinalada uma sucessão infindável de crueldades praticadas pelo homem contra o próprio homem. Mas, o que vem a ser essa violência senão o instinto animal remanescente no ser humano? Trata-se portanto, de um impulso inconsciente que o leva a romper todas as barreiras que se anteponham à satisfação de suas necessidades.

Essa preocupação da sociedade exige portanto, uma providência urgente, que vise propiciar a segurança, e por esse motivo, diversas propostas têm sido apresentadas nesse sentido. Uma delas, e que tem causado grande polêmica, é a legalização da pena de morte em nosso país, pois apesar de alguns mais esclarecidos serem totalmente contrários, outros, mesmo dizendo-se cristãos, mas numa cabal demonstração de desconhecimento dos princípios apregoados pelo Cristo, defendem essa drástica e inconcebível medida, alguns deles chegando ao cúmulo do absurdo de se oferecerem gratuitamente, somente pelo prazer de matar, exercerem a função de carrascos.

O professor e escritor Bismael B. Moraes, fazendo uma análise mais profunda sobre a aplicação da pena de morte à luz da Doutrina Espírita, obtempera que:[20] "Para o Espiritismo, com base na justiça divina da reencarnação, matar o criminoso ao invés de fazê-lo cumprir a pena que lhe permita a reflexão e a correção de sua vida, é cortar-lhe a oportunidade de progredir e – o mais grave – representa um cruel ato de vingança, contrário a qualquer princípio cristão."

A pena capital já existia, mesmo entre os povos primitivos, prolongando-se por todas as épocas, até os dias atuais. No Código de Hamurabi, por exemplo, o mais antigo documento legislativo, e que foi promulgado no ano 2000 a.C., a sua aplicação já era prevista. Em consequência dessa disseminação criminosa, desde a mais remota época, um número incalculável de pessoas tem sido vítima desse assassinato legal, e dentre elas, destacamos:

- Sócrates condenado à morte sob a acusação de corromper a juventude atacando as crenças tradicionais e colocando a virtude acima da ilusão dos formalismos e dos valores mundanos;

- Joana D'Arc, por não se submeter aos dogmas da Igreja, foi condenada pela Inquisição, a perecer queimada em uma grande fogueira;

- o próprio Jesus Cristo que, diante da acusação feita pelos fariseus, de corromper o povo com os seus ensinamentos que ressaltava a importância do amor como meio de superar a condição de seres meramente mortais, foi condenado à morte no calvário;

- o pastor evangélico Martim Luther King, assassinado por um atirador branco, acusado de participar ativamente, mesmo de maneira pacífica, da luta contra o preconceito racial, pronunciando o histórico discurso "I have a dream" (Eu tenho um sonho), onde ele dizia:

"Sonho com o dia em que o próprio estado do Mississipi, então esmagado pela injustiça, acabrunhado pelo calor da opressão, se torne um oásis de liberdade e justiça."

"Sonho com o dia em que meus filhos possam viver numa nação em que não mais serão julgados pela cor da pele, mas pelos seus méritos."

No entanto, na medida em que o mundo foi evoluindo, a suposta necessidade desse preconceito, também foi se desfazendo, e dessa forma, chegará o dia em que ele será definitivamente abolido do nosso planeta.

Mesmo antes de Jesus, e também depois dele, enfim, em todas as épocas e em todos os tempos, espíritos de grande evolução moral encarnaram na Terra para trazer revelações divinas, as quais, gradualmente, foram mostrando aos homens os aspectos da realidade espiritual, ensinando-os a amar a Deus sobre todas as coisas e ao próximo como a si mesmos. Dentre esses Espíritos Superiores podemos destacar Moisés, Mahatma Gandhi, Sidarta Gautama, Madre Teresa de Calcutá, João Paulo II, Frei Damião, Francisco Cândido Xavier, Irmã Dulce, e muitos outros que para cá vieram com essa finalidade, mas infelizmente, foram poucos os que seguiram esses ensinamentos e entenderam que somos todos irmãos, e é por esse motivo que, por mais inadmissível que possa parecer, ainda existam, nos dias atuais, pessoas que aceitam a morte de um criminoso como sendo um entrave ao crime e à violência.

Diante disso, é de se concluir que a causa da violência se deve e principalmente, à ausência de amor. O que nos causa um certo alívio é que, quando os homens estiverem mais esclarecidos, com toda certeza a pena capital será completamente abolida, no entanto, para isso é necessário que se invista na educação infantil, e na formação moral e cristã dos jovens e, desse modo, para que tal fato realmente ocorra, o que devemos fazer é repelir o crime, não quem o praticou.

Até mesmo nos casos de legítima defesa, deve-se evitar a morte do agressor, e isso pode ser constatado na própria lei atual do homem, quando ela, ao contrário do que previa a Pena de Talião, "olho por olho, dente por dente," não exige proporcionalidade matemática no revide, mas, prevê que não se deve matar quando se pode apenas ferir para evitar a agressão.

Um dos grandes sertanistas do nosso país, o Marechal Rondon, sempre se mostrava indignado, e até revoltado, quando presenciava ou tomava conhecimento dos massacres que os brancos submetiam o povo selvagem. Certa vez, ele foi questionado sobre o porquê de ser contra a matança de índios durante o desbravamento dos sertões brasileiros, tendo ele respondido com a seguinte pergunta: – "Que fariam vocês se um ladrão invadisse as suas casas para saquear e roubar"? – "Nós o mataríamos", responderam. – "Então, como quereis vós, que se dizem civilizados, que os selvagens ajam de outra forma"? – "Por isso, morrer se necessário for, mas matar, nunca".

Se a finalidade da aplicação da pena capital é fazer diminuir o índice de violência e criminalidade, vamos analisar a sua aplicabilidade sob dois aspetos: em primeiro lugar, analisemos o seu aspecto legal. Os americanos reinstituíram legalmente a pena de morte em 1976, e hoje ela avigora em 38 dos seus Estados. Os métodos são os mais variados: cadeira elétrica, injeção letal, câmara de gás, e até a forca, método que não era empregado há mais de cinquenta anos, e nem por isso verificou-se a diminuição desejada; e sendo assim, não se obtendo o resultado pretendido, está comprovada a sua ineficácia. Em segundo lugar, analisando tal medida nos seu aspecto moral, vamos constatar que ao invés de diminuir o índice de crimes, para cada criminoso executado, estaremos aumentando em quatro o número deles; isso se verifica por que:

1. O Poder Legislativo, quando elabora tal lei, está prescrevendo a morte de um ser humano;

2. O Presidente, quando a sanciona, está atestando como legítima a execução daquilo que nela foi prescrito;

3. O juiz, quando condena, está determinando que se mate um ser humano; e

4. O verdugo, quando executa a pena de morte, da mesma forma que a pessoa condenada, estará cometendo um delito.

Portanto, ao invés da diminuição almejada, o que ocorreu foi o inverso. Tudo isso, sem contar as falhas que poderão ocorrer durante um processo em decorrência da falibilidade do homem que na qualidade de ser humano, está sujeito a cometer enganos, correndo o risco de condenar à morte uma pessoa que não tenha cometido qualquer tipo de crime, o que seria uma verdadeira barbaridade, já que a morte é um fato irreversível.

O raciocínio claro e não entenebrecido pelo ódio, mostra que a violência deve ser eliminada do comportamento humano de qualquer maneira, mas nunca eliminando, para isso, o próprio ser humano. Mostra também, que a pena de morte ao invés de ser vista como aplicação da justiça, deve ser encarada como uma forma moderna de vingança praticada pelo Estado, devendo portanto, ser rechaçada, porque foge ao direito do homem que, por possuir o livre arbítrio em suas ações e a razão para discernir, mais cedo ou mais tarde, deverá prestar contas dos seus exageros. Por esse motivo, não lhe é dado o direito de acabar com a vida de seu semelhante. A verdadeira justiça prefere absolver dez culpados a condenar um inocente.

Se nos reportarmos aos tempos antigos, veremos que a Lei de Moisés, em virtude do estado de ignorância e brutalidade em que os homens daquela época viviam, previa a Pena de Talião, onde conforme dissemos anteriormente, uma agressão deveria ser respondida na mesma proporção, ou seja, "olho por olho, dente por dente", cujo objetivo era tentar diminuir a violência reinante entre eles. Tempos depois, quando a civilização já se encontrava um pouco mais avançada, veio Jesus Cristo ensinar a Lei do Amor, apregoando que se alguém fosse ferido na face, ao invés de revidar, deveria oferecer a outra. Isso entretanto, não significava que o agredido deveria se acovardar, ou seja, entregar o seu pescoço ao seu algoz. Nessas palavras, o Cristo ensinava que o ofendido deveria abster-se da ideia de vingança, perdoando o seu ofensor.

Quem, nos dias atuais e em sã consciência seria capaz de tomar essa atitude? É difícil dizer, porém, considerando que o mundo caminha para o progresso, é de se concluir que da mesma forma que os ensinamentos do Mestre, pregando o amor ao próximo, pôs por terra a vingança proporcional prevista na Lei Mosaica, o raciocínio lógico nos faz crer que, embora possa parecer uma utopia, chegará o dia em que o homem, recebendo uma agressão, realmente oferecerá a outra face mas não literalmente, pois considerando que a agressão ou insulto, não é um instinto biológico, mas sim cultural, ele abandonará o desejo da desforra corporal e reagirá da mesma maneira inteligente e racional, como fez o escritor irlandês George Bernard Shaw, considerado um dos autores que mais recebia correspondências de seus leitores.

Em certa ocasião, George recebeu uma carta onde constava apenas uma palavra, "imbecil", e ao invés de reagir com outra ofensa, ele devolveu a missiva ao seu remetente com a seguinte resposta: "Curioso, sempre recebi cartas com assinaturas, mas é a primeira vez que recebo uma assinatura sem carta." Vê-se, que essa atitude se constitui numa demonstração do progresso evolutivo do ser humano que, embora lentamente, está se afastando das atitudes violentas.

E, considerando que o progresso da humanidade, apesar de paulatino é ininterrupto, e que muito embora os passos para se chegar ao destino sejam morosos, dia virá em que, da mesma forma que a Pena de Talião, contida na Lei Mosaica se tornou desnecessária perante a Lei do Amor ao próximo, difundida pelo Cristo, deverá prevalecer somente esta, sábia, justa e Divina, ensinada pelo Grande Mestre.

Sendo assim, com a evolução, a legislação humana vai se aproximando gradativamente da lei moral, e no futuro, a moral, a razão e a inteligência se equilibrarão, fazendo com que o homem tenha a compreensão de que Deus quer o bem para todos, e dessa forma, com menos orgulho nas camadas altas e menos inveja nas baixas, surgirá uma solidariedade efetiva que, em contato com essa Doutrina consoladora, talvez possamos ver desaparecer da face da Terra, as lutas fratricidas, frutos ineptos da ignorância a se dissiparem diante dos ensinamentos de amor e fraternidade, que são a coroa radiosa do Espiritismo, fazendo com que ninguém mais precise oferecer a outra face, pois os homens, amando-se como verdadeiros irmãos, não mais se agredirão, nem maltratarão uns aos outros.

É preciso que fique bem claro, portanto, que é somente por intermédio da lógica que podermos compreender as Leis que regem a Natureza, e consequentemente respeitar aquelas que são necessárias ao equilíbrio, acreditando na sua imutabilidade e repudiando as que são arbitrárias e despidas de qualquer objetivo justificável.

3 A Lei de causa e efeito

Uma das principais regras que dirigem a Natureza é a Lei de Causa e Efeito, a qual alguns incrédulos chamam de coincidência ou acaso. Todo efeito, evidentemente, tem que ter a sua causa, e dessa forma, chegamos à conclusão de que se a causa é boa, bom também será o efeito; em contrapartida, se for má, terá um efeito mau. No Evangelho, como também no nosso dia a dia, temos verificado que ao longo da história, a presença dessa Lei, em razão de sua imutabilidade sempre se faz constante. Ele nos traz ainda exemplos de efeitos que demoraram muitos anos para se manifestarem depois da causa, e outros, que se fizeram de imediato. Um exemplo do bom efeito gerado por uma boa causa, mas que se apresentou somente depois de várias décadas, foi o caso de Dimas, conhecido como "O bom ladrão."

Na Palestina, mais precisamente na Indumésia, havia uma região muito pobre, onde entre os seus humildes habitantes, vivia um garoto chamado Dimas e sua família. O garoto, diante da situação paupérrima dos familiares, e sem nenhuma esperança para o futuro, ainda na sua infância, começou a infringir as leis, praticando pequenos furtos. Quando se tornou adolescente, Dimas passou a praticar roubos à mão armada, motivo pelo qual, na fase adulta, toda a população o temia, odiava e perseguia. No entanto, conforme está escrito no capítulo IX do livro "O Evangelho Segundo o Espiritismo", "o homem por mais abjeto, vil e criminoso que seja, vota a um ente, ou a um objeto qualquer, viva e ardente afeição," Dimas, apesar de sua vida marginalizada, era possuidor de uma grande virtude, pois graças aos votos que fizera quando criança, jamais molestava ou permitia que seus comparsas molestassem pessoas idosas. Para ele, era ponto de honra respeitar os anciãos.

Naquela ocasião, o casal José e Maria foi à cidade de Belém para um recenseamento, quando nasceu o menino Jesus. A família, posteriormente, foi morar em Nazaré onde Jesus passou a sua infância. Apesar de ser filho de família humilde, já se comentava que aquele menino, Jesus, futuramente seria o rei dos judeus, e por esse motivo, o rei Heródes sem levar em conta que o seu reinado era passageiro, enfurecido e sentindo-se ameaçado de perder o seu trono, resolveu eliminá-lo, mas diante da dificuldade em encontrar o seu pseudo-rival, deu ordens para que os seus soldados procurassem e matassem todos os meninos com menos de dois anos que encontrassem, e que tivessem nascido naquele lugar.

José, o carpinteiro, que fora alertado por um espírito protetor sobre as intenções de Heródes, recebeu determinação para que, juntamente com Maria e a criança, fugissem o mais depressa possível para o Egito. José e sua família assim fizeram, e, depois de uma longa e penosa viagem, cansados e famintos, quando já estavam chegando ao seu destino, ao passarem pela Indumésia, foram atacados pelo bando de salteadores chefiados por Dimas. Aproximando-se do velho e amedrontado José, vendo-o naquela idade avançada e, olhando cheio de piedade para aquela criança frágil no colo da doce mãe, o chefe do bando, ao invés de saquear aquela pobre família como era de costume, deu ordens expressas aos seus quadrilheiros para que os deixassem partir em paz.

Trinta e três anos se passaram, quando Jesus foi injustamente condenado ao sacrifício da cruz. Chegando ao calvário, a pesada cruz que o Mestre sob açoites e chibatadas viu-se obrigado a carregar, foi erguida entre outras duas, sendo que em uma delas estava Dimas, que da mesma forma havia sido condenado à morte. Dimas, vendo Jesus ao seu lado, falou: "Jesus, lembra-te de mim quando entrares no teu reino, tendo o grande Mestre, amorosamente e cheio de piedade, lhe respondido: "Em verdade vos digo que hoje mesmo estarás comigo no Paraíso."

Outro exemplo desta feita de uma causa má, e que embora retardasse, não deixou de originar um mau efeito, vamos encontrar, não no Evangelho, mas na história da França, narrada pela médium e escritora Yvonne do Amaral Pereira.[25]

Por volta de 1572, aquela nação era governada pela rainha Catarina de Medicis, viúva do rei Henrique II, a qual em virtude de sua crueldade, dureza de coração e a aspereza com que tratava os seus súditos, era temida e odiada pelo povo.

Na corte havia um jovem oficial, Cavaleiro da Guarda Real, com apenas vinte e cinco anos de idade, e que graças à dedicação e lealdade que dispensava à rainha e ao trono francês, era muito respeitado. Luis de Narbonne era o seu nome. Estudante de Teologia, ele fora criado num convento, no meio de monges dominicanos, tornando-se mais tarde, um fanático religioso, disposto a sacrificar a sua própria vida e a de quem quer que fosse, em defesa da rainha e da religião que professara, o que lhe valeu o cognome de "O Capitão da Fé", e por esse motivo, gozava de muitas regalias. Apesar de tudo isso, Luis de Narbonne não era bem visto pela rainha, que o odiava e sempre o tratava com hostilidade, pois não obstante ser um fiel escudeiro, ele era filho bastardo do falecido rei Henrique II com uma princesa espanhola, portanto, por hereditariedade, legítimo herdeiro do trono francês. Entretanto, diante do respeito e da proteção que ele recebia do clero, onde mais tarde iria exercer o magistério, e ao qual havia professado votos de celibato, ela nada podia fazer contra ele, o que aumentava cada vez mais o seu ódio mortal.

Após a reforma religiosa de Martinho Lutero, a rainha Catarina, prevendo perigo para o seu reinado e para a própria Igreja, em conluio com o Papa Gregório XIII, que anuíra às suas exigências opressoras, deliberou em nome do seu país e do catolicismo, exterminar todos aqueles que estivessem ligados àquela confederação, que já contava com enorme número de adeptos, concedendo ao Capitão da Fé ampla e total liberdade para agir com o máximo rigor.

No extremo norte da França vivia uma numerosa família cristã, cujos membros eram dotados de corações humildes, sendo inofensivos, discretos e honrados, amavam ao próximo e respeitavam as Leis de Deus. Era a ilustre família Bretencourt de La Chapelle que, muito embora pertencesse à classe nobre, professava outra fé, motivo pelo qual todos eles eram considerados positivamente hereges e, portanto, nocivos não apenas à Igreja, mas também, ao próprio governo. Aqueles familiares haviam recebido de Luis de Narbonne, uma carta que os apontava como ativos propagandistas da seita sacrílega de Lutero, estando, dessa forma, sujeitos aos preceitos da lei, mas que, por serem descendentes de antigos fiéis defensores da França, haviam sido anistiados, porém, por se tornarem "personas non gratas", foram aconselhados a se retirarem do país.

Como a família se recusasse a acatar os conselhos, numa tarde de domingo, encontrava-se reunida no salão de pregações, onde o mais jovem familiar difundia o Evangelho para alguns simpatizantes da causa, subitamente, o recinto foi invadido pelos soldados, tendo à frente o Capitão da Fé, o qual, de espada em punho, sem nenhuma piedade, com um certeiro golpe, trespassou o coração do jovem pastor reformista. Ato contínuo, todos os que ali estavam (homens, mulheres, velhos e crianças), um a um foram sendo impiedosamente trucidados pelas lanças, machados e espadas dos soldados sob o comando de Luis de Narbonne.

Alguns anos se passaram, quando o jovem Luis de Narbonne conheceu uma jovem (a qual ele, inicialmente, ignorava ser uma descendente da família Bretencourt de La Chapelle, que havia sobrevivido à chacina), tendo por ela se apaixonado perdidamente, e mesmo contrariando os votos religiosos que fizera anteriormente, resolveu desposá-la. A paixão que ele nutria por ela era tão desesperadora, que ele mesmo sabendo que a sua atitude ofendia totalmente os membros do clero, nem os conselhos e advertências que recebeu os fizeram desistir da ideia de com ela contrair matrimônio, tendo o enlace se realizado, causando grande desgosto para todos, inclusive para aquele monge que o havia criado e educado, e que o amava como se fora seu próprio filho.

A rainha Catarina, percebendo que Luis de Narbonne já não contava mais com o apoio da Igreja, resolveu aproveitar a oportunidade para livrar-se de vez daquele que, para ela, representava uma grande ameaça. Mandando chamar o Capitão da Fé com urgência ao castelo, a pretexto de ter uma missão importante, com a sua chegada à corte, a rainha, usando de uma diabólica estratégia que tramara, determinou que ele, em segredo, fosse trancafiado em um calabouço secreto que existia no próprio palácio, e que apesar de espaçoso, era baixo, fétido, de chão pegajoso e repleto de animais daninhos, sendo ele ali jogado, sem poder resistir, tendo o seu destino sido por todos ignorados.

Passado dois longos anos depois que Luis de Narbonne fora dado como desaparecido, quando ele, num determinado dia, não suportando mais o sofrimento, já vencido pelo cansaço e enfraquecido pelas doenças adquiridas, deitou-se naquele solo putrefato e, não mais podendo se levantar, finalmente expirou na ignomínia de uma aviltante masmorra.

Para os incrédulos e que ainda não sabem utilizar o raciocínio lógico, o fato de Luis de Narbonne ter se apaixonado justamente pela jovem pertencente à família que ele havia exterminado de maneira tão cruel, pode parecer uma obra do acaso ou uma simples coincidência, mas o que vem a ser a coincidência, senão a Divindade manifestando a sua vontade? O frei Agostinho Salvador Picollo, definia a coincidência como sendo "a Providência Divina agindo sob pseudônimo". Para aqueles que conhecem as Leis Divinas, principalmente a Lei de Causa e Efeito, e que são possuidores de fé nos desígnios do Criador, fica patente que, muito embora o resultado possa não se verificar de imediato, já que o espaço entre a causa e o efeito pode ter uma longa duração, ele jamais deixa de se manifestar. É pela Justiça Divina, e consequentemente, por sua determinação e vontade que, mesmo decorrido longo tempo, toda causa gera um bom efeito, como no caso de Dimas, e ao contrário, o que ocorreu com Luis de Narbonne, onde aquele péssimo final teve como origem a causa má que ele próprio provocou.

No dia 26 de setembro de 2004, o Centro Espírita Ismael, localizado no bairro do Jaçanã, em São Paulo, realizou o 16º Simpósio Espírita, onde o tema principal foi a comemoração do 2º Centenário do Codificador do Espiritismo, e, cujo evento contou com a participação dos renomados expositores, Ercília Zilli, Enéas Canhadas, Avildo Fioravante e Francisco Aranda Gabillan. Naquela ocasião, estando o auditório totalmente lotado, esse último e ilustre palestrante em sua magnífica exposição, nos deu um excelente exemplo de bom efeito produzido logo em seguida a uma boa causa. Contou-nos que uma mulher muito rica passava com o seu carro por um bairro pobre da periferia da cidade, quando teve um dos pneus do automóvel furado. A mulher, com medo de ser assaltada, travou as portas do carro e, sem ter como se comunicar com algum parente ou amigo que pudesse ajudá-la, permaneceu naquele lugar por várias horas, até que um homem humildemente trajado que por ali passava, vendo-a naquela situação, na melhor das intenções, aproximou-se para ajudá-la, mas ela, quando o viu chegar e bater no vidro para oferecer seus préstimos, ficou mais apavorada ainda, imaginando tratar-se de um ladrão que queria roubá-la.

O pobre homem, com muita paciência e compreensão, dizendo que só queria ajudar trocando o pneu, pediu-lhe as chaves, sendo que a madame, sem ter outra alternativa, mesmo amedrontada, abriu um pouco o vidro e pela fenda, entregou-lhe o chaveiro. Depois de despender muito esforço na substituição do pneu danificado, pelo estepe, o homem devolveu-lhe as chaves dizendo que ela agora podia seguir o seu caminho. A mulher, um pouco mais aliviada, perguntou-lhe quanto deveria pagar pelo serviço, no que ele respondeu que, em nada ela era devedora, pois o que ele havia feito fora somente para auxiliá-la, se realmente fosse sua vontade demonstrar alguma gratidão, quando encontrasse alguém precisando de ajuda, deveria estender-lhe a mão. Surpresa com aquela atitude, a mulher antes de se retirar, agradeceu ao desconhecido e perguntou-lhe o seu nome, tendo ele respondido chamar-se "Francisco".

A madame se retirou e, depois de se afastar daquele lugar, já refeita do susto, avistou uma lanchonete onde parou para tomar um lanche. Sentando-se à mesa ela foi gentilmente atendida por uma jovem garçonete que lhe serviu um sanduíche e um refrigerante, e, enquanto ela degustava o seu lanche, notou que aquela amável e delicada funcionária, não obstante estar em adiantado estado de gravidez, o que para qualquer outra mulher seria motivo de jubilo, ela apresentava uma fisionomia de grande tristeza e infelicidade.

Intrigada, a madame inquiriu a moça sobre aquela melancolia, já que estando esperando um filho, deveria sentir-se muito feliz e não naquele estado depressivo, tendo a moça, com lágrimas nos olhos, explicado que estava correndo um sério perigo, pois sua gravidez era de alto risco e que precisava fazer um tratamento médico que, além de rigoroso, era muito caro. Sendo de família pobre, e, estando o seu marido desempregado, ela não tinha condições financeiras para tal, e provavelmente iria perder o bebê. Além disso, ela precisava ali trabalhar até altas horas da noite, para receber horas extras e, assim, poder arcar com as despesas da casa.

Condoída com a situação daquela moça, a madame, depois de pagar a conta, abriu sua bolsa, apanhou seu talonário, preencheu um cheque e entregou a ela, dizendo que aquela quantia era para ajudá-la no tratamento; em seguida se retirou sob o olhar atônito da futura mãe.

A garçonete, quando viu o valor do cheque, teve um espanto enorme, quase não acreditando no que via, pois, como uma pessoa desconhecida poderia interessar-se tanto por ela a ponto de desprender uma quantia tão alta? Ainda bastante intrigada com o ocorrido, depois de terminado o trabalho, ela foi para casa radiante, e, lá chegando, depois de narrar o sucedido e mostrar o cheque para o marido, sentindo-se satisfeita, pois aquela quantia, além de ser suficiente para cobrir todo o tratamento médico ainda sobraria para as despesas durante algum tempo, ela falou:

– Eu não te disse "Francisco", que ainda existe gente boa nesse mundo?

Nesse belo exemplo, podemos verificar que o efeito benéfico verificou-se de imediato à boa causa, visto que aquele "Francisco", marido desempregado da garçonete, era o mesmo que horas antes havia prestado auxilio à madame, e isso vem confirmar aquilo que dissemos anteriormente uma boa causa gera um bom efeito, e que sendo má, somente poderá produzir um mau resultado. Entretanto, a resposta poderá também ser trágica, se a causa, da mesma forma, for maldosa. Isso nos foi possível verificar há alguns anos atrás, em duas reportagens de jornais, que noticiavam fatos bastante curiosos e que, também, servem de exemplos:

Era um final de semana e, em uma pequena cidade, o médico que estava de plantão no único hospital daquele município, sentindo-se cansado, avisou a enfermeira que iria para casa repousar, advertindo-a de que só deveria ser incomodado se surgisse um caso de comprovada gravidade. Altas horas da noite, uma ambulância chegou trazendo um rapaz que estava agonizando em virtude dos ferimentos que havia sofrido em um acidente de carro. A enfermeira, percebendo que o jovem não iria resistir, dirigiu-se à casa do médico e o avisou do ocorrido, pedindo-lhe que retornasse ao hospital para pelo menos tentar salvar aquela vida. Entretanto, o doutor recusou-se a voltar ao trabalho, alegando com certa ironia, que, se ela própria estava dizendo que o rapaz não iria sobreviver, a sua presença no hospital seria desnecessária, e, assim sendo, logo que o dia clareasse, ele daria uma olhada no ferido se ainda estivesse com vida.

Pela manhã, o médico levantou-se, tomou um demorado banho e, depois de saborear o seu café, voltou ao hospital, onde a enfermeira com um olhar triste e decepcionado, avisou-lhe que o jovem havia morrido. Sem demonstrar nenhum sentimento humanitário, o médico dirigiu-se ao quarto onde jazia o morto, para atestar o óbito, mas ao se aproximar do cadáver, olhando atentamente para aquele semblante pálido, com grande espanto ele colocou as mãos no rosto e, desesperado, começou a gritar: – Meu filho! Meu filho querido! Naquele corpo, já em estado de rigidez cadavérica, ele, aos prantos, reconhecera o seu próprio filho, que estudava na capital e que havia aproveitado a folga daquele fim de semana prolongado para visitar a família.

Bezerra de Menezes, disse certa vez, em uma de suas palestras: "Um médico não tem o direito de terminar uma refeição, nem de perguntar se é longe ou perto, quando um aflito lhe bate à porta. O que não acode por estar com visitas, por ter trabalhado muito e se achar fatigado, por ser alta hora da noite, mau o caminho ou o tempo, ficar longe, ou no morro, o que, sobretudo, pede um carro a quem não tem com o que pagar a receita, esse não é médico, é negociante de medicina, que trabalha para colher capital e juros dos gastos de formatura."

Em um belo e bem conservado sítio, localizado em uma cidade do interior, morava uma família composta de pai, mãe e uma filha de apenas doze anos, a qual, por ser a filha única do casal, era tratada pelos pais com todo carinho e amor. A casa era ladeada por belas árvores frutíferas, cujo pomar poderia servir de colírio para os olhos de quem o avistasse, principalmente um pé de laranja que havia em frente ao portão, cujos frutos eram de dar água na boca.

As crianças moradoras na redondeza estudavam em uma escola na cidade, e para irem às aulas, eram obrigadas a passar em frente àquela casa. Quando a laranjeira estava carregada de frutos, um menino de apenas dez anos, toda vez que ia para a escola, na sua peraltice de criança, costumava, sorrateiramente apanhar uma fruta e escondê-la na mochila para, na hora do recreio saboreá-la, o que causava grande irritação e revolta naquele egoísta sitiante que, apesar de ter uma vida razoavelmente confortável, sua ganância era tanta, que não o deixava permitir que alguém tirasse sequer uma fruta do pé, preferindo deixar que elas caíssem no chão depois de maduras, a serem apanhadas por estranhos.

Certo dia, aquele malvado homem resolveu castigar o garoto e, para isso, de posse de uma seringa de injeção, através da agulha, injetou uma grande dose de veneno em uma das laranjas que estava presa a um galho bem perto do muro, e permaneceu escondido atrás do portão, a espera do menino. Não demorou muito e o guri, quando se dirigia para a escola, vendo que não havia ninguém por perto, subiu no muro e apanhou aquela fatídica laranja, escondeu-a na mochila e continuou o seu caminho. O homem, com um sorriso sarcástico e sem demonstrar nenhum sinal de remorso, ou um gesto de amor ao próximo, voltou para dentro de casa satisfeito, já que o seu plano diabólico havia surtido o efeito desejado e, dessa forma, aquele ladrãozinho nunca mais iria roubar as suas frutas; estava assim, saciada a sua sede de vingança.

As horas se passaram e, depois que todas as crianças já haviam retornado para suas casas, o homem impaciente, e vendo que a sua filha, que estudava na mesma escola, não chegava, passou a ficar apreensivo, até que ali apareceu uma ambulância trazendo uma enfermeira do hospital da cidade, a qual, muito desapontada, em cujo semblante podia se perceber que algo de grave havia ocorrido, e sem saber como se expressar pediu que o sitiante e a esposa fossem até o Pronto Socorro, visto que sua filha para lá havia sido conduzida e estava passando muito mal. Desesperado, mais do que depressa o casal para lá se dirigiu e, ao chegar, pai e mãe foram avisados pelo médico de que tudo havia sido feito para salvar a menina, mas, infelizmente, de nada adiantaram os seus esforços, pois, ela havia ingerido alguma coisa estranha e estava agonizando. Os pais da menina entraram no quarto e se aproximaram da cama onde ela estava, a mãe sem entender o que ocorrera, já que ela, antes de ir para a escola estava muito bem, perguntado o que ela tinha comido, e ela, num gesto de despedida, agonizante, antes de dar o último suspiro, balbuciou: – "Eu só chupei uma laranja que o meu coleguinha da escola havia me dado na hora do recreio."

4   A Lei do Progresso

Uma outra resposta que só podemos encontrar se utilizarmos o raciocínio, e consequentemente a verdadeira fé, é sobre a questão da existência – ou não – de vidas além do nosso planeta.

Toda vez que olhamos para o alto e avistamos os numerosos astros que gravitam no espaço, por mera vaidade, ou até mesmo por orgulho, duvidamos que em algum deles possa existir vida como no nosso planeta, achando que a existência de vida inteligente na Terra seria um caso único no Universo. Como existiriam seres vivos no Sol, por exemplo, com aquele calor abrasador? A ciência astronômica calcula que o Sol dista da Terra, aproximadamente 150.000.000 quilômetros, tornando muito grande o espaço entre ambos. Levando-se em conta que a temperatura solar chega a atingir a marca de 6.000 graus centígrados, e se, apesar da distância que os separa, muitas vezes o calor provocado pelos raios solares irradiados em nosso planeta se torna quase insuportável, como seria admissível algum ser ali viver? E na Lua, de que maneira poderia alguém sobreviver sem água? Também em Marte, no entendimento de muitos, nenhum ser poderia sobreviver na ausência do ar que respiramos. Pura ignorância, pois, aquele que acreditar que somente no nosso planeta pode haver vida, estará pondo em dúvida a justiça do Criador de todas as coisas, já que não seria justo Deus criar tantos astros e somente um deles ter o privilégio de abrigar seres vivos.

Uma das inúmeras perguntas feitas por Allan Kardec aos espíritos, constantes em "O Livro dos Espíritos" foi exatamente se havia vidas em outros mundos, obtendo como resposta um sim, pois, o próprio Jesus Cristo afirmou que: "Há muitas moradas na casa de meu Pai."

Em 1847, o médium americano Andrew Jackson Davis, notável pesquisador dos assuntos relativos à espiritualidade, já nos dava uma incontestável afirmação da existência de vidas em outros mundos, quando em seu livro de pesquisas intitulado "Princípios da Natureza", ele narra:[3] "Não levará muito tempo para que essa verdade se apresente como viva demonstração. E o mundo saudará com alegria o surgimento dessa Era, ao mesmo tempo em que o íntimo dos homens será aberto, e nele estabelecida a comunicação espírita, tal qual a desfrutam os habitantes de Marte, Júpiter e Saturno.

A Providência Divina, na sua sabedoria, ao criar o ser vivo, determinou também o ambiente que seria propício para a sua sobrevivência. Se retirarmos um peixe da água, ele certamente, em alguns minutos perecerá, pois foi criado para viver sob as águas, o mesmo acontecendo com certos tipos de animais, como a minhoca, que tem como seu habitat natural o subsolo e quando retirada da terra e submetida ao calor dos raios solares, seu corpo resseca e ela não resiste e morre. Da mesma forma, o homem, se for submerso nas águas ou em baixo da terra, igualmente, em poucos minutos morrerá, pois no que se refere ao ser humano, o espírito foi criado para que dentro de um invólucro pudesse viver e desenvolver a sua inteligência em ambiente próprio. O Sol, portanto, não obstante a impossibilidade de abrigar seres vivos, como imagina alguns, não seria um mundo habitado por entes corpóreos, no entanto, com o seu eterno fulgor, que ilumina e aquece as almas mergulhadas nas águas glaciais da ignorância humana, é um lugar de encontro dos Espíritos Superiores que dele irradiam os seus pensamentos para outros mundos.

E, por falar em inteligência, constantemente ouvimos um pai ou uma mãe referir-se ao seu filho quando ele faz alguma coisa certa, dizendo que ele é um gênio. Mas, o que ele fez para assim ser considerado? Ele nasceu mais inteligente do que as outras pessoas? Nesse caso, também, não seria injusto que algum ser humano nascesse com um maior grau de inteligência do que outros?

Um professor de filosofia entra na sala de aula, põe uma cadeira em cima da mesa e escreve no quadro: "Provem-me que esta cadeira não existe". Os alunos, rapidamente, começaram a escrever longas dissertações sobre o assunto. No entanto, um deles escreve apenas duas palavras na folha e entrega ao mestre. Este, quando a recebe, e lê, não pode deixar de sorrir. "Que cadeira?" Isso mostra a capacidade de alguém decifrar enigmas nunca vistos antes. É a simplicidade de resolver questões novas, pois, do contrário, pode ser simplesmente o emprego adequado da memória.

Essa é uma questão que de maneira resumida, vamos tentar explicar, mostrando de modo sucinto, o que é uma pessoa considerada gênio. Não aquele gênio da lâmpada mágica de Aladim, que quando liberto, realiza três desejos do seu libertador, nem daquela mocinha loira do filme americano, que com apenas um simples piscar de olhos ou um ligeiro aceno com a cabeça, se transforma, ou transforma outras pessoas em um animal ou um objeto, pois se trata de mera ficção.

Também não falamos de Pelé, o qual, muitas pessoas, e até nós mesmos, qualificamos de gênio do futebol, nem de

Oscar Schmidt e Hortência, que dizemos serem os gênios do basquetebol, já que tais aptidões podem ser adquiridas através de rigoroso treinamento e de uma prática constante. Por fim, não nos referimos, também, ao grande médium de Congonhas do Campo, em Minas Gerais, Zé Arigó,[27] que, com uma simples faca de cozinha ou um velho canivete, sem possuir nenhum conhecimento de medicina, realizou inúmeras cirurgias espirituais em pessoas doentes, obtendo resultados surpreendentes, visto que ele, quando assim agia, não o fazia por si mesmo, mas sim, servindo de instrumento mediúnico ao médico alemão Adolf Fritz, desencarnado há muitos anos. Estamos nos referindo sim, àquelas pessoas que sem terem estudado ou mesmo pesquisado sobre um determinado assunto, quando se deparam com algum problema a ele relacionado, em pouco tempo e sem maiores dificuldades encontram a solução, demonstrando já o conhecerem profundamente.

Em todas as épocas e em todas as áreas, verificamos o aparecimento de pessoas dotadas desse tipo de inteligência, a qual é utilizada para contribuir e auxiliar no progresso do ser humano, tanto no aspecto material, como no espiritual. Tendo o espírito sido criado no seu estado natural, ou seja, simples e ignorante, por sofrer a influência do meio em que vive na busca da satisfação de suas necessidades, é através de suas experiências que ele vai adquirindo e desenvolvendo a inteligência e o sentimento que o fará experimentar, sucessivamente, o bem e o mal. Portanto, levando-se em conta que o espírito jamais perde as conquistas realizadas, toda criatura, individualmente, um dia será civilizada. Na pré-história, por exemplo, período em que o homem ainda se encontrava em estado primitivo e alimentando-se de carne crua, visto que o fogo ainda era totalmente desconhecido, bastou ele constatar que atritando uma pedra em outra se formavam algumas centelhas, as quais em contato com as folhas secas davam origem à combustão e, consequentemente, as chamas, para assim, descobrir o fogo.

O professor Breno Alencar Bianco, na tradução do romance de Malba Tahan, intitulado "O homem que calculava",[32] conta-nos que por volta de 1321, surgiu em Bagdá, um pastor de ovelhas chamado Beremiz Samir, nascido na Pérsia e que mais tarde mudara-se para o Egito. Esse pastor, quando ainda menino e sem jamais ter estudado matemática, aos seis anos de idade já demonstrava uma grande habilidade em lidar com os números, motivo pelo qual, quando adulto, passou a ser conhecido como o homem que calculava, sendo-lhe atribuída a descoberta de várias técnicas aritméticas, que até hoje são utilizadas nos cálculos matemáticos.

Consta que, em certa ocasião, o proprietário de um rebanho de ovelhas, querendo testar os conhecimentos matemáticos de Beremiz, pediu-lhe que contasse o número de animais que pastavam no seu redil. O menino abaixou-se, contou quantas patas havia, verificando que somavam 1.028; em seguida, contou as orelhas, num total de 514 e, somando aquelas quantias, tendo encontrado 1.542, dirigindo-se ao dono afirmou que no redil havia um total de 257 ovelhas. Espantado e indignado, depois de confirmar que o número estava certo, ele perguntou ao menino porque ele não contava uma por uma, o que seria muito mais fácil, tendo ele respondido que contar as ovelhas uma por uma seria tarefa sem nenhum interesse e não teria graça. Para tornar mais interessante o problema, ele contara primeiro, todas as pernas e, em seguida, todas as orelhas. Esse total, ele dividiu por seis, que é a soma das patas e das orelhas de cada uma, e assim encontrou o número exato.

No século XV, vivia na França, uma residência muito pobre e humilde, uma família de camponeses em cujo lar destacava-se uma menina com apenas dezessete anos, chamada Joana. Essa jovem, por ter o seu tempo quase todo ocupado em ajudar a mãe na fiação de lã ou ao pai na guarda do rebanho e sem ter jamais frequentado uma escola, não sabia ler nem escrever, e apesar da pouca idade ela tinha um coração generoso e meigo; por isso era amada por todos, principalmente pelos pobres e infelizes, os quais ela nunca deixara de socorrer ou consolar. Naquela época a França encontrava-se sob o jugo do exército inglês, e a cidade de Orleans estava sediada pelas melhores tropas da Inglaterra.

A menina Joana foi uma das almas que desceram à Terra para desempenhar elevada missão, pois mesmo não sabendo cavalgar e desconhecendo qualquer tática bélica, ela, que na sua infância soubera dos males e horrores da guerra, mesmo assim decidiu dedicar-se de corpo e alma à sua missão. Alistou-se no exército francês e, em apenas alguns meses, em razão da ascendência moral e espiritual de que era portadora, ela se fez respeitar e impôs a disciplina como se fosse um general de alto tirocínio, tornando-se chefe do grupo. Além de disciplinar o exército, que era composto de homens aventureiros, desordeiros, cheios de vícios e movidos pelo objetivo da pilhagem, Joana conseguiu, também, fazer com que todos a amassem como um verdadeiro líder, e a sua presença era tida como garantia absoluta de bom êxito; tanto é verdade que, uma a uma as fortificações foram sendo tomadas e, em apenas três dias a cidade de Orleans estava livre do cerco inglês. Em seguida, as tropas comandadas por Joana repararam todos os desastres decorrentes dos combates e ela, ainda, reconstitui e disciplinou o exército e acalmou todos os ânimos, até que, finalmente, a vontade do povo francês foi satisfeita e Carlos VII foi consagrado o rei da França.

Depois da sagração de Carlos VII, a maldade e as intrigas dos eclesiásticos começaram a aparecer, pois os ministros da Igreja, sentindo-se menosprezados e feridos no seu orgulho e na sua vaidade por uma donzela analfabeta, juraram prendê-la no momento mais propício; e a partir daquele dia Joana viu-se abandonada e atraiçoada, inclusive por alguns generais franceses, até que, finalmente, eles conseguiram realizar o seu intento e ela, sob acusação de praticar feitiçaria, de conversar com os mortos e de muitas outras tidas como heresias, foi considerada prisioneira de guerra, e colocada em uma jaula como se fosse uma fera.

Depois de padecer longo tempo em duro e horrível cativeiro, Joana, antes de ser condenada à morte, onde morreu consumida pelas chamas de uma fogueira, foi levada ao salão do tribunal no qual sofreu as longas e torturantes fases de um processo infamante. Diante do Bispo de Beauvais, Joana foi submetida a rigoroso interrogatório, mas, resistindo com denodo a todas as perguntas, ela se mostrava resoluta, seu pensamento não tinha obscuridades, a firmeza não lhe faltava à palavra e seu olhar despejava lampejos; e, dessa forma, apesar de jovem e analfabeta, ela discutiu com os doutores da Igreja romana, confundindo-os com suas respostas surpreendentes.

Yvonne A. Pereira nos conta que,[26] um dos espíritos que assistiam Joana, ao qual ela, desde a infância, se habituara a ver e venerar, era aquele que a igreja católica considerava como

São Miguel. Sabendo dessa particularidade, aquele bispo, o mais cruel dos juízes, na tentativa de confundi-la, perguntou se quando São Miguel lhe aparecia, estava desnudo, tendo ela, prontamente, respondido com outra pergunta que, pela sutileza e profundidade, não poderia ser compreendida pelos seus algozes: – Pensas que Deus não tem como vesti-lo? (Se aquele juiz e os demais, tivessem a compreensão e entendimento das explicações que nos foram trazidas pelo Espiritismo, eles entenderiam que Deus, como Criador Onipotente, possui espalhados pela sua infinita criação, os elementos e as energias que lhes permite confeccionar os trajes usados pelos habitantes do mundo invisível).

Quando o interrogante, alegando que entre ela e Deus havia a igreja, perguntou-lhe se queria se submeter à Igreja, Joana respondeu que somente à Igreja do Alto ela se submeteria quanto a tudo que tenha dito e feito. Indagada se recusava renegar as suas visões diabólicas, respondeu que, quanto às suas visões, não aceitava o julgamento de homem algum. Finalmente, quando inquirida se tinha certeza de que estava na graça de Deus, respondeu que, se não estava, Ele a poria, e se estava, Ele a conservaria.

Como conciliar tão esmagadora lucidez de Joana D'Arc, com a sua falta de instrução? A essa pergunta podemos responder que existe outro manancial de ensinamentos que não se aprende na escola.

Em 1608, nascia em Lisboa, o padre Antonio Vieira que, vindo para o Brasil ainda criança, foi matriculado no colégio dos Jesuítas, na Bahia, e, até os seis anos de idade, ele nada tinha de inteligente, pois, nas aulas quase nada conseguia aprender, até que um dia, quando rezava, o menino sentiu um forte estalo na cabeça sucedido de uma grande dor. Ao cessar a dor, suas ideias foram clareando e ele, de medíocre e bronco que era, passou a ser um brilhante e sagaz aluno, causando grande espanto aos colegas e aos professores. A partir daquele dia todas as matérias eram por ele assimiladas com muita facilidade, e até o idioma latim, considerado como sendo uma das lições mais difíceis, ele passou a dominar com perfeição, transformando-se mais tarde em um grande mestre.

Aquele menino, antes considerado medíocre, agora se tornara um magnífico orador. Fazendo do púlpito a sua tribuna, ele, certa ocasião, quando fazia uma palestra para uma grande plateia composta de ricos fazendeiros, bem como da elite da sociedade, assim se manifestou: "Os senhores poucos, os escravos muitos; os senhores rompendo galés, os escravos despidos e nús; os senhores banqueteando, os escravos perecendo de fome; os senhores nadando em ouro e prata, os escravos carregados de ferro; os senhores tratando-os como brutos, os escravos adorando-os e temendo-os como deuses; os senhores em pé, apontando para o açoite, como estátuas de soberbia e tirania, os escravos prostrados com as mãos atadas atrás, como imagens vilíssimas da servidão e espetáculo de extrema miséria." Dirigindo-se aos ministros do rei de Portugal, os quais vieram para o Brasil a pretexto de fazer o nosso país progredir, disse: "Vós, para cá viestes, não em busca de nosso bem, mas sim, buscar os nossos bens."

Defensor dos fracos e oprimidos, ele defendeu a liberdade religiosa numa época de intolerância onde os suspeitos de não professarem a fé, eram condenados pela Inquisição no Tribunal do Santo Ofício; lutou contra a escravização dos índios, num tempo em que a escravatura era encarada como normal e até mesmo necessária.

No século XVII, ocorreu, aqui em São Paulo, um outro fato que merece ser registrado.[24] Durante as obras da construção da Catedral da Sé, em 1746, os trabalhos tiveram que ser paralisados, pois, nenhum profissional construtor queria correr o risco de construir a torre da igreja, por considerarem a estrutura e os aspectos térmicos acima dos recursos de engenharia disponíveis na cidade. Foi nessa ocasião que surgiu a figura de um preto escravo, conhecido apenas por "Tebas", que garantiu erguer a torre sem nenhum problema, desde que lhe fosse concedida a alforria. Não havendo outra alternativa, depois que o escravo mostrou a todos as técnicas que usaria, o acordo foi aceito e os doutores engenheiros decidiram confiar-lhe a construção da torre, sendo que, em 1755, a catedral estava totalmente construída e com a sua majestosa torre.

Não pararam aqui, contudo, as façanhas de Tebas. Ele constrói em seguida, a torre de Recolhimento de Santa Teresa. Depois, mais um grave problema: era preciso um projeto prático, viável e rápido, capaz de atender ao abastecimento regular de água no centro da cidade. Naquela época não havia ainda canos de ferro, manilha, enfim, nenhum dos recursos de hoje. Pois Tebas resolveu o problema. Construiu no Largo da Misericórdia, um chafariz de pedra de cantaria, e, com a captação da água ali obtida, fez uma derivação canalizada até onde hoje fica a Praça das Bandeiras, no Vale do Anhangabaú. Através desse sistema, estendeu ao centro da cidade cerca de um quilômetro de canalização, utilizando canos de papelão impregnado com betume que ele havia inventado. Em 1919, mais de 150 anos depois, quando eram feitas escavações na Praça das Bandeiras, foram encontrados restos desses canos inventados por Tebas. Desse autêntico gênio, que aqui viveu e ninguém sabe nada. De onde veio, como veio, onde aprendeu o que sabia, como viveu, e nem sequer o seu primeiro nome ninguém jamais soube.

No início do século 20, por volta de 1900, um professor da Universidade de Berlim, na Alemanha, desafiou um dos seus alunos com a seguinte pergunta:

– Deus criou tudo que existe?

– Sim, ele criou tudo, respondeu.

– Se Deus criou tudo, disse o professor, então Deus fez o mal? Pois o mal existe, e partindo do preceito de que nossas obras são o reflexo de nós mesmos, então Deus é mau?

O rapaz ficou parado, sem saber o que responder, quando um outro aluno levantou-se e, para tirar o colega daquela situação embaraçosa, perguntou:

– Professor, eu posso fazer uma pergunta?

– Claro que sim.

– O frio existe?

– Lógico que existe, respondeu, por acaso você nunca sentiu frio?

O jovem respondeu.

– De fato o frio não existe. Segundo as leis físicas, o que consideramos frio, na realidade é a ausência de calor. Todo corpo é suscetível de estudo quando possui ou transmite energia, e o calor é o que faz com que esse corpo tenha ou transmita energia. O zero absoluto é a ausência total e absoluta de calor, onde os corpos ficam inertes, incapazes de reagir, mas o frio não existe. Nós criamos essa definição para descrever como nos sentimos se não temos calor.

– Outra pergunta professor, disse o aluno. Existe escuridão?

– Existe, respondeu o mestre.

– Novamente cometeu um erro, senhor. A escuridão também não existe. Ela é, na realidade, a ausência de luz. A luz pode se estudar, a escuridão, não. Até existe o prisma de NICHOLS, para decompor a luz branca nas várias cores de que é composta, com suas diferentes amplitudes de ondas, o que não ocorre com a escuridão. Um simples raio de luz atravessa as trevas e ilumina a superfície onde termina o raio de luz. Para se saber quão escuro está um determinado espaço, temos que ter como base a quantidade de luz presente nele. A escuridão é uma definição que o homem desenvolveu para descrever o que acontece quando não há luz presente.

– Uma última pergunta, professor, o mal existe?

– Claro que sim, pois, não vemos estupros, crimes, violência no mundo todo? Essas coisas são do mal.

– O mal não existe, professor, pelo menos não existe por si mesmo. O mal é simplesmente a ausência do bem. O mal é uma definição que o homem criou para descrever a ausência de Deus. Deus não criou o mal. Não é como a fé ou como o amor, que existe, assim como o calor e a luz. O mal é o resultado da humanidade não ter Deus em seus corações. É como acontece com o frio, quando não há calor, ou como a escuridão, quando não há luz.

O jovem aluno foi calorosamente aplaudido por todos, inclusive pelo diretor da Universidade que a tudo assistia, e que, ao terminar a explanação, dele se aproximou e, parabenizando-o, perguntou qual era o seu nome, tendo ele respondido.

– Albert Einstein.

No Tibete existe um poema épico dividido em duzentos capítulos e composto de dez milhões de palavras, contando a história de um rei, e que foi transmitido de geração para geração, já tendo sido traduzido para os idiomas chinês, francês, inglês e japonês, somente podendo ser recitado por cento e quarenta pessoas especialistas. Um fato que causou grande admiração em todas aquelas nações, foi de um estudante tibetano, chamado Sitar Doje, sozinho e sem o auxilio de ninguém, ter conseguido recitar o referido poema. Quando aquele jovem foi inquirido sobre a realização de tamanha proeza, a qual fazia como se fosse uma simples brincadeira de adolescente, na maior simplicidade ele respondeu que conseguiu memorizar o poema durante um sonho que teve enquanto dormia.

Outro fato surpreendente é de Ricardo Tadeu Cabral de Soares, que aos três anos começou a ler, tendo, naquela idade, e sem nenhum auxílio, escrito um livro. Aos doze anos, enquanto cursava a 8ª série, ele foi o 1º colocado no vestibular para Direito, numa faculdade do Rio de Janeiro, conseguindo uma liminar da justiça para frequentar a universidade, e dessa forma, entrar para o livro dos Guiness dos Recordes. Aos dezoito anos, concluiu o curso de Mestrado em Direito na Universidade norte-americana de Harvard, tornando-se o mais jovem mestre em ciências jurídicas, dentre os 362 anos da história daquela universidade.

Como, então, poderiam essas pessoas, derrogando toda a lei de aprendizado, manifestar em tenra idade um conhecimento que poderiam somente adquirir depois de passar por todas as etapas escolares, e terem conhecimento de algo até então desconhecido? Nenhum professor, por mais competente que seja, consegue ensinar a uma criança do dia para a noite. Ninguém assimila uma ciência sem estudar. A criança recebe o ensinamento em doses, de conformidade com a sua capacidade de assimilação e como determina a didática, devendo passar por todos os graus escolares. Teriam eles, então, trazido consigo uma sabedoria adquirida em uma encarnação anterior, aqui mesmo em nosso planeta? Não seria viável afirmar-se tal assertiva, pois tendo eles vivido em épocas passadas, seria impossível terem conhecimento de alguma coisa que, na atualidade, ainda era desconhecida.

Dirão os materialistas que o acaso concedeu a essas pessoas uma quantidade maior e uma melhor qualidade de matéria cerebral, o que não corresponde à verdade, visto que isso em nada interfere na inteligência ou capacidade mental do homem. Alguns espiritualistas, por sua vez, afirmarão que Deus lhes deu uma alma mais favorecida do que a do homem comum. Outra hipótese sem nenhuma lógica, pois, taxaria Deus de parcial.

A Doutrina Espírita deixa isso bem claro, quando nos dá explicações sobre a pluralidade de existência e a imortalidade dos espíritos. Ela nos ensina que um espírito, quando tem uma missão a cumprir para auxiliar o progresso, pode reencarnar em um mundo inferior àquele em que vive. Ao mudar-se de um mundo para outro, o espírito conserva os conhecimentos já adquiridos, pois esses nunca se perdem, o que pode ocorrer é o esquecimento momentâneo, mas a intuição que lhe fica, ajuda o seu adiantamento. Tal mudança de mundo pode se dar também como expiação; no entanto, isso não significa que ele tenha regredido, pois de acordo com a Lei do Progresso, um espírito pode permanecer estacionário por algum tempo, mas, regredir, jamais. Levando-se em conta que, como observamos anteriormente, mesmo mudando de planeta o espírito conserva os conhecimentos adquiridos, é de se concluir que essas pessoas consideradas gênios, são espíritos mais evoluídos, que viveram em outros planetas mais adiantados do que o nosso, e que para cá vieram com a finalidade de, através desses conhecimentos, ajudarem a nossa evolução.

Os homens chamados de gênios, portanto, são encarnações de espíritos já avançados, que muito progrediram, e cuja universalidade de aptidões inatas, morais e intelectuais de que eles foram dotados, nos comprova que aquelas almas já tiveram outras vidas em outros mundos mais evoluídos do que o nosso. São espíritos que viveram mais tempo, e, por conseguinte, progrediram mais do que aqueles menos adiantados, os quais, quando encarnados, trazem consigo o que sabem. Por isso, levando-se em conta que esse saber é maior do que o dos outros, eles são chamados de gênios. Dessa forma, isso que para muitos parece ser um privilégio concedido a alguns, nada mais é do que o resultado de um trabalho anterior.

Em todas as etapas progressivas do nosso planeta, como já afirmamos, emissários são-nos enviados com a finalidade de ajudar o ser humano no seu esforço evolutivo e, dessa forma, nunca nos tem faltado ajuda. Segundo os espíritos, há emigrações e imigrações periódicas de um planeta para outro, por ocasião de grandes expurgos, ao fim de um ciclo evolutivo espiritual.

As grandes Comunidades Espirituais da esfera superior, analisando a situação da Terra, deliberaram a imigração de populações de outros planetas mais adiantados para que, aqui chegando, através delas, o homem recebesse um estímulo e uma ajuda direta na sua difícil luta pela conquista de sua própria espiritualidade.

Próximo ao nosso planeta existe uma Constelação, a qual os astrônomos denominaram de Cocheiro e que é formada de estrelas de várias grandezas. Dentre essas estrelas, há uma, de 1ª grandeza conhecida desde a mais remota época, denominada Capela,[1] localizada cerca de 50 anos-luz da Terra, e cujo diâmetro é inúmeras vezes maior do que o Sol, sendo habitada por uma raça de seres bastante evoluída. Segundo Emmanuel, existiam e ainda existem, também naquele mundo, milhares de espíritos rebeldes a caminho da evolução geral, mas que, abusando da intelectualidade e do poder, buscavam outros objetivos que não aqueles que a boa moral conduzem, e que com sua rebeldia, dificultavam a consolidação das penosas conquistas daquele povo cheio de piedade e virtude, o que os tornava incompatíveis com os altos padrões de vida morais já atingidos pela maioria dos habitantes daquele orbe.

Em virtude de sua afinidade com a Terra, foi essa estrela a escolhida para imigração de enorme quantidade de espíritos rebelados para o nosso planeta, os quais, aqui chegando, receberam o nome de raça adâmica. Ao mesmo tempo em que essa civilização sofreu as consequências do degredo, ajudou a raça primitiva da Terra no seu desenvolvimento, com a bagagem intelectual e moral que trouxe de lá. Isso explica, portanto, a grande sabedoria de alguns, o que nos faculta tirarmos do passado grandes lições para o presente e o futuro.

Desse modo, analisando o que foi dito e obedecendo a linha de raciocínio de Allan Kardec, no que diz respeito à Justiça Divina, duas afirmações podemos fazer sem que haja qualquer dúvida: Deus, sendo o Senhor Absoluto e a Inteligência Suprema, ao criar os mundos, não concedeu a apenas um deles, no caso a Terra, o privilégio de ser habitado por seres vivos, mas a todos eles; também, Ele não criou alguns espíritos mais inteligentes do que outros; todos foram feitos em idênticas condições para viverem conforme o livre arbítrio de cada um.

5   A Lei da Reencarnação

Depois de criar a matéria que constitui os mundos, Deus criou também os espíritos, para que eles temporariamente revestidos de um corpo material, administrassem o planeta, de acordo com as leis da criação. Tais espíritos foram criados simples e ignorantes, porém, dotados de inteligência e do livre arbítrio, a fim de que quando encarnados, pelo trabalho necessário à vida corpórea, aperfeiçoassem a sua inteligência, e que por observarem as Leis Divinas, adquirissem os méritos que os levariam à felicidade.

Entretanto, quando de sua criação, esses espíritos, como dissemos anteriormente, tinham apenas uma leve percepção daquelas normas, pois o Criador não as deixara escritas em lugar nenhum, somente na consciência de cada um; por isso, em razão do estado primitivo em que se achavam, ao invés de seguirem o caminho traçado pelo Pai Eterno, eles, depois de conhecerem os prazeres mundanos, passaram a cometer todo tipo de desatino.

Desse modo, os seres humanos em suas jornadas evolutivas feitas através da matéria, na busca da hierarquia sublime, e sem possuir qualquer senso da perfeita direção que lhes mostrasse o caminho certo rumo à perfeição, nem sempre assim procederam, pois, ao invés de cultivarem as virtudes que certamente os encaminhariam àquele objetivo, buscaram prover as suas necessidades materiais praticando delitos contra ordem benfeitora do Universo, o que resultou no mal, como consequência de sua desobediência.

Deus, na sua infinita bondade, não querendo deserdar nenhum dos seus filhos, e considerando que em apenas uma existência seria impossível para eles alcançarem a meta por Ele traçada, deliberou conceder àqueles que na sua jornada terrena desobedecessem as suas leis, a oportunidade de após a morte do corpo físico, aqui retornassem para expiar as faltas cometidas; é a Lei da Reencarnação, que, pelo bom senso que a caracteriza, não aprova a existência de pessoas voltadas unicamente para a maldade, o que seria a negação da infinita misericórdia do nosso Criador. Esses seres nada mais são do que espíritos que por ainda não terem se despojado das tendências malévolas, persistem na prática do mal. Eles estão desviados do caminho reto, mas não permanecerão indefinidamente nesse estado. A prática da maldade, não sendo um estado permanente, e sim transitório no homem, uma imperfeição passageira em sua longa caminhada, será corrigida no seu tempo certo, e em consequência, aquele homem visto como mau se transformará num homem bom. A redenção espiritual, mais cedo ou mais tarde, levará os homens ao caminho certo, quando então eles serão transformados em criaturas propensas à prática do bem.

Todos, sem nenhuma exceção, possuem algo de bom dentro de si, e é justamente esse lado positivo das pessoas que deve ser explorado, pois que as atitudes de efeito negativo não são definitivas. Foi por esse motivo que Deus, como Criador absoluto de tudo, na sua infinita bondade, sendo eternamente justo e considerando que quando uma encarnação é mal utilizada torna-se sem proveito, determinou que aquele mesmo espírito, devido à sua negligência e má vontade, recomeçasse outra vida em condições mais ou menos penosa. Reconhecendo também, que os homens assim procedem em virtude de ainda se encontrarem na infância de sua evolução espiritual, Deus criou, dentre outras leis, essa que lhe assegura a grande ventura da redenção, proporcionando a todos a possibilidade de depois do desencarne, permanecerem em situação de erraticidade, aguardando o momento propício para o retorno a uma nova vida material. Nessa situação, o espírito terá a oportunidade de estudar as causas que apressarão ou retardarão o seu progresso em uma futura encarnação, para depois retornar em um corpo diferente do anterior, não importando em que país, em que raça, cor ou sexo, mas que nessa nova existência possa resgatar algumas dívidas relativas à faltas em vidas pretéritas.

Para isso, tempos depois, Deus enviou à Terra um Espírito, para que ele divulgasse a base de suas Leis e demonstrasse a necessidade do seu cumprimento.

Em meados do século XIII antes da era cristã,[31] os hebreus, depois de se instalarem no Egito, permaneceram escravizados pelos egípcios durante muitos anos, no entanto, não obstante o suplício, os vexames e a situação de penúria a que eram submetidos, a fé que eles tinham tornava-os fortes, pois viviam na esperança de que entre eles haveria de nascer aquele que viria para libertá-los do jugo egípcio. Essa certeza provocou o temor do faraó Ramsés II que, além de prever um grande perigo para o seu reinado, verificou que a civilização cativa estava aumentando cada vez mais, por isso ele determinou que todas as crianças do sexo masculino que nascessem entre eles fossem mortas por afogamento no rio Nilo.

Entre os hebreus vivia uma mulher, neta do profeta Levi, a qual, três meses antes, havia dado a luz a um menino, e aquela mãe, temerosa pela vida do filho, não vendo outra solução que pudesse salvá-lo da morte, resolveu acomodar a criança em um cesto e depositar na águas do rio, confiando que a Providência Divina haveria de protegê-lo. E isso realmente aconteceu, pois a criança foi encontrada justamente pela filha do Faraó que a levou para o palácio real onde o adotou como seu filho, tendo o menino, depois de ali batizado, recebido o nome de Moisés.

Moisés estudou e foi educado na corte, tendo frequentado a academia militar, que era reservada somente aos nobres, chegou ao posto de general, chefiando várias expedições de conquista de outras terras. Iniciado nos cultos herméticos dos faraós e sacerdotes, conheceu os mistérios dos santuários, mas nunca se sujeitou a prestar culto às divindades egípcias. Após matar em legítima defesa, um guarda do faraó, Moisés abandonou a realeza e foi para a Palestina onde, depois de casar-se e se tornar pai de duas filhas, viveu quarenta anos pastoreando ovelhas e se preparando para conduzir o povo hebreu ao êxodo. Certo dia, estando ele reunido com os hebreus ao sopé do monte Horeb, ouviu uma voz que lhe transmitiu os Dez Mandamentos das Leis Divinas, cujas normas, além de determinar aquilo que não deveria ser feito (não matarás, não furtarás, não cobiçarás as coisas alheias etc.), pelo seu caráter universal deveriam ser seguidas por todos os povos, todos os países e em todos os tempos. Estava assim, plantada a primeira semente do aperfeiçoamento moral da humanidade.

Diante da divulgação dos mandamentos, houve um pequeno progresso moral e social, numa pequena parcela dos homens; entretanto, como a maioria deles ainda se achasse em estado de brutalidade e insistisse em continuar no erro, Moisés viu-se obrigado a impor leis severas, tais como a Pena de Talião, que previa para cada infração cometida, uma pena na mesma proporção, ou seja, seria "olho por olho, dente por dente", para que eles entendessem e cumprissem o que fora determinado

Com o advento da lei mosaica, aquele progresso moral e social aumentou um pouco mais, porém, não era isso que a Lei Divina prescrevia. A abstenção da prática de infrações deveria ser um ato voluntário e de boa vontade, vinda do fundo do coração, e não uma atitude tomada por temor às penalidades previstas nas leis humanas; e foi por isso que, não havendo essa boa vontade entre a totalidade dos homens, Moisés não conseguiu êxito completo, motivo pelo qual, séculos mais tarde, Deus enviou outro emissário, desta feita, um Espírito da mais alta hierarquia, para dar continuidade aos ensinamentos, inclusive esclarecer quanto aos problemas espirituais e da reencarnação.

Na cidade de Belém morava um casal, Joaquim e Ana; eles eram muito caridosos e jamais haviam negado auxílio aos mais pobres e necessitados. A mulher, por um longo período de casamento não conseguiu engravidar, o que a fazia lamentar sua esterilidade. No entanto, numa tarde, estava Ana sentada à sombra de uma árvore, quando lhe apareceu um Espírito, informando-lhe que nos próximos meses ela haveria de conceber uma filha. Nove meses depois, nasceu uma menina, a quem os pais deram o nome de Maria. Aos três anos de idade, Maria foi deixada no templo, sob a tutela dos sacerdotes, tendo ela ali permanecido até completar doze anos, ocasião em que foi entregue aos cuidados do carpinteiro e artesão José, que era viúvo e já tinha vários filhos.

Um dia, Maria, da mesma forma que a mãe, recebeu a visita de um Espírito que lhe fora enviado pela Divindade, para avisá-la de que, dentro de algum tempo, ela daria a luz a um filho, tendo mais tarde, nascido dela um menino que recebeu o nome de Joshua, que no idioma aramaico significava Jesus. Esse Espírito aqui chegou com a missão de mostrar o caminho exato para se chegar a perfeição possível, dizendo o que deveria ser feito. "Amar a Deus sobre todas as coisas e ao próximo como a si mesmo"; "Perdoar Setenta vezes sete vezes"; "Dar a César o que é de César". Entretanto, diante do atraso moral em que a humanidade ainda se achava, o Mestre Jesus precisou utilizar-se de parábolas para explicar as coisas, mas nem assim conseguiu fazê-los entender completamente a sua lição. Diante disso, e considerando que se nem mesmo aqueles estudiosos das Leis, que se diziam sábios, o compreendiam, diante de tanta ignorância seria preciso muito mais tempo para que eles entendessem, pois não tendo condições de assimilar as coisas da Terra, muito menos teriam dos assuntos celestiais.

Após vários anos de ensinamentos, Jesus foi condenado à morte, mas antes de retornar ao Plano Superior, prometeu que um Consolador seria enviado para dissipar todas as dúvidas que restaram, proferindo as seguintes palavras: "Se me amas, guardai os meus mandamentos. Eu rogarei ao Pai e Ele vos dará outro Consolador, para que fique eternamente convosco, o Espírito da Verdade, que vos fará lembrar de tudo que vos tenho dito, e vos ensinará todas outras coisas mais."

Muitos séculos se passaram até que, no dia 03 de outubro de 1804, na cidade de Lyon, na França, nasceu um menino que recebeu o nome de Hippolyte Leon Denizard Rivail, filho do Juiz de Direito Jean Baptiste Antoine Rivail e da professora Jeanne Dunamel Rivail. Aos dez anos de idade, o menino Rivail foi morar na cidade de Yverdum, na Suiça, a fim de completar os seus estudos em uma escola interna dirigida pelo renomado pedagogo Johann Henrich Pestalozzi. Ao completar dezoito anos, retornou à França onde passou a dedicar-se à instrução e à educação, tornando-se, um grande pedagogo, cuja elevada cultura o fez merecedor da maior credibilidade.

Anos mais tarde, em razão do regime educacional implantado pelo Imperador Napoleão I, restringindo a liberdade de ensino, o professor Rivail, que ao contrário, preconizava a reforma do ensino defendida pelo mestre Pestalozzi, viu-se obrigado a deixar o magistério, passando a estudar o magnetismo, matéria essa que, depois de trinta e cinco anos de pesquisas, ele adquiriu vastos e sólidos conhecimentos. Tão grande era o caráter positivista de Rivail, e tamanha era a sua preocupação científica que, aos vinte e quatro anos, em sua obra sobre educação, escreveu a seguinte frase: "Aquele que houver estudado as ciências, rirá então, da credulidade supersticiosa dos ignorantes. Não mais crerá em espectros e fantasmas, não mais aceitará fogos-fátuos por Espíritos."

Aos cinquenta anos, em uma conversa com um amigo, o professor Rivail tomou conhecimento da existência das mesas girantes, mas em razão do seu temperamento brincalhão, o mestre não o levou muito a sério, porém, diante da confirmação de um outro amigo, que o levou a uma reunião privada na casa de uma senhora, ele pôde, além de confirmar pessoalmente tudo aquilo que lhe fora dito anteriormente, tomar conhecimento, pela primeira vez, da missão que lhe fora conferida pela Espiritualidade, ou seja, a tarefa de ser o codificador da Doutrina Espírita.

Em abril de 1857, uma falange de Espíritos desceu à Terra, e sob a supervisão do Espírito da Verdade, ditou para que Rivail, agora usando o pseudônimo de Allan Kardec anotasse as respostas às perguntas que lhes eram feitas e, assim codificasse "O Livro dos Espíritos", o qual além de representar a realidade espiritual, veio estabelecer as ligações históricas de todas as fases evolutivas da humanidade em seus aspectos biológicos, psíquicos, sociais e religiosos, prevendo, como princípio básico do nosso progresso, a aplicação da justiça, amor e caridade.

Posteriormente, em 1861, Kardec recebeu dos Espíritos explicações a respeito de vários problemas ainda inacessíveis à ciência, apresentando soluções para as questões ainda insolúveis para as pesquisas daquela época, ou seja, como desenvolver a prática da Doutrina Espírita através de deduções rigorosas, as quais foram codificadas em "O Livro dos Médiuns". Por fim, para poder estudar e compreender melhor a doutrina, em 1863, um manual de instruções e aplicação moral do Espiritismo foi editado, no qual continha a base e o roteiro a ser seguido: "O Evangelho Segundo o Espiritismo", posteriormente complementado pelas obras "O Céu e o Inferno", e "A Gênese."

Allan Kardec, depois de muitos anos de intensa atividade dirigida aos estudos da Doutrina Espírita, à qual dedicou todo o seu amor, sua lealdade, seu esforço e afinco, antes de completar sessenta e cinco anos, portanto no dia 31 de março de 1869, desencarnou, levando consigo, em seu retorno à pátria espiritual, a nossa eterna gratidão pelos benefícios que nos deixou por intermédio de suas valiosas obras, bem como o reconhecimento do Plano Espiritual, pelo dever cumprido.

Dessa forma, com a edição dessas obras feitas por Allan Kardec, ditadas pelos Espíritos, e sob a supervisão do Espírito da Verdade, a promessa feita por Jesus Cristo foi devidamente cumprida e, diante dessas explicações, ficou claro e patente que o Consolador realmente veio na figura da Doutrina Espírita e em nós ficará para toda a eternidade, já que tendo como base a fé raciocinada, ela veio abater todas as divergências quanto às questões espirituais, inclusive derrubando a teoria da ressurreição da carne, corroborando aquilo que a ciência já havia comprovado, ou seja, o corpo material quando se desprende do espírito, em algumas horas começa a se decompor, até que seja totalmente destruído, não havendo, portanto, nenhuma condição de ser recomposto.

Com os ensinamentos da doutrina codificada por Kardec, aquele véu que cobria os nossos olhos foi retirado, desvendando todos os mistérios que envolviam os assuntos relacionados com a reencarnação, deixando dúvidas somente para aqueles que têm olhos para ver, mas não querem enxergar.

Alguns incrédulos dizem que essa história de vidas passadas parece ser uma invenção da Doutrina Espírita, o que não corresponde a verdade, pois a reencarnação já era registrada nas mais antigas religiões do mundo. Na Índia, nação considerada o berço da civilização, já se acreditava na sucessão de vidas. Também na Grécia, o filósofo Pitágoras, criou a teoria Palingenésica, ou a Palingenesia, dividindo a população grega em duas partes onde, para a primeira, que era formada pelos homens que recebiam os ensinamentos religiosos, o espírito renascia sucessivamente, até atingir a perfeição, enquanto que, para a outra parte, a população geral, quando os homens morriam, seus espíritos voltavam, mas em corpos de animais; era a teoria da Metempsicose, hoje totalmente rejeitada em virtude de sua impossibilidade.

Para outros, pode parecer a princípio, que a reencarnação seja um processo de punição compulsória para castigar os espíritos relapsos ou negligentes. Esse parecer, também não condiz com a realidade, pois ao contrário do que se imagina, trata-se de um determinismo sábio e justo, subordinado à dinâmica de "causa e efeito". Ela constitui o ensejo que proporciona ao mais abominável pecador, o recurso para reabilitar-se das suas mazelas e culpas. Assim, todas as atitudes, por mais censuráveis que sejam, podem ser apagadas mediante o aprendizado.

Os ensinamentos espirituais nos dizem que, após o desencarne, o espírito pode ficar certo tempo estacionário, mas chegará a hora em que ele, diante do grau de conhecimento que já adquiriu durante o tempo que esteve envolto no corpo material, perceberá que, naquela inércia só estará adiando a sua caminhada necessária à sua evolução espiritual; e nesse caso, sentindo essa necessidade de retornar, rogará aos céus a sua volta a vida material para compensar possíveis falhas ou auxiliar aqueles que precisam de sua ajuda.

Nos dias atuais, a sucessão de vidas já não é mais ignorada por nenhum ser humano bem informado, e a sua realidade vem sendo aceita pela grande maioria da humanidade. Isso se verifica porque, dentre todas as religiões oficiais, apenas duas não acreditam no processo de reencarnação:

O Islamismo, que propaga a morte como sendo a passagem para a vida eterna, não sendo portanto, possível o retorno do espírito;

O catolicismo, no qual a ressurreição do espírito no mesmo corpo deverá ocorrer no dia do Juízo Final, ocasião em que Jesus Cristo descerá à Terra para julgar os vivos e os mortos. Até mesmo Allan Kardec, antes de estudar os fenômenos mediúnicos, era contrário à reencarnação.

Para **o Judaísmo**, a reencarnação pode acontecer quando o retorno do espírito for necessário para a humanidade.

Para **o Hinduísmo**, de acordo com os ensinamentos contidos no livro sagrado dos hindus – O Vedas – o espírito não nasce e nem morre nunca, fato que contradiz a realidade, pois se assim fosse, ele seria igual a Deus, não podendo portanto, ser por Ele criado; diz ainda o hinduísmo que a reencarnação do espírito ocorre imediatamente após a morte, carregando consigo o carma das vidas passadas, porém, jamais volta no mesmo corpo.

Para **o Budismo**, a reencarnação acontece enquanto o espírito permanecer preso ao seu carma, que é o acúmulo de ações negativas. Desse modo, podemos perceber que, com exceção das duas primeiras, todas as demais estão de acordo com o Espiritismo, no qual o retorno do espírito ocorrerá quantas vezes sejam necessárias para que ele, por meio de boas ações, possa atingir o estágio superior.

Dissemos anteriormente e repetimos que Deus criou os espíritos na simplicidade e na ignorância, para que eles, utilizando o invólucro material (o corpo), aqui permanecessem como se fosse uma espécie de estágio, até chegar à perfeição possível. Esse período de permanência na Terra, que chamamos de vida, é regido pelas Leis Divinas e tem três fases:

1. **começo**: quando o espírito, já incorporado na matéria e vulgarmente chamado de alma, vem ao mundo corporal (nascimento);

2. **meio:** tempo de permanência do espírito no corpo material; e

3. **fim:** ocasião em que a alma se livra da matéria e retorna à condição de espírito, para se preparar para uma nova vida em outro corpo material. Essa última fase é a que chamamos de morte.

Durante o tempo em que vivemos no planeta, vamos acumulando energias que, como já frisamos, podem ser positivas ou negativas, as quais, aliadas aos conceitos errôneos recebidos das igrejas ou pelos ensinamentos que recebemos quando crianças, quando somos afastados das casas e dos locais onde ocorreu uma morte, fazem com que vejamos a morte como algo terrível, macabro e até repugnante. Em consequência disso, passamos a dar mais valor à vida material do que à espiritual, esquecendo que já vivemos e morremos várias vezes, e isso nos proporciona o medo da morte, pois nos faz duvidar do futuro e acreditar que, com a morte, vamos deixar na Terra as nossas afeições e todas as nossas esperanças.

Para que possamos nos ver livres de qualquer temor da morte, o primeiro passo é procurarmos conhecer a realidade ou fantasia que a envolve, quando então, passaremos a conhecer a verdade que está obscurecida pela nossa ignorância. A Doutrina Espírita ensina que para nos livramos desse medo, temos que nos reformar intimamente, ou seja, precisamos trocar essas energias negativas pelas positivas. Com essa reforma íntima, preconizada pelo Espiritismo, passamos a perceber que a morte é simplesmente o fenômeno de libertação do nosso espírito do encarceramento do corpo, e que isso nos facultará a liberdade de ação e de consciência, e, consequentemente, o retorno ao nosso estado próprio, do qual estávamos temporariamente distanciados para o cumprimento de um estágio de reequilíbrio e progresso.

Compreendemos também, que nada morre, tudo se transforma, e que essa transformação é o consequente despertar do espírito, pois aquilo que chamamos de morte, nada mais é do que a cessação da vida orgânica, ao passo que o desencarne é a libertação do espírito imortal em transição de mudança de plano. Assim sendo, não é a partida do espírito que causa a morte do corpo, o corpo é que determina a partida do espírito.

A morte, portanto, não deve mais ser vista como aquela megera de manto negro portando uma foice, nem como uma caveira humana cruzada por duas tíbias, mas sim, encarada com a maior naturalidade, despida de qualquer parâmetro fúnebre e lúgubre que se verificou nas décadas passadas. Tanto é verdade que alguns espíritos começam o processo de desencarnação mesmo antes de ocorrer a morte biológica, como no caso dos seguidores do cristianismo primitivo que, ao serem jogados aos leões e tigres para serem devorados, cantavam. Também, no caso do médium Zé Arigó, desencarnado em virtude de um acidente de carro, e cuja perícia técnica comprovou que, no momento do impacto do veículo, ele já estava morto, portanto, o seu espírito já havia se despojado do corpo.

A morte, enfim, nada mais é do que o desprendimento, a separação total entre a matéria e o espírito. Esse espírito que, diferentemente da matéria, é imortal, ao contrário do que diz a teoria da ressurreição (que prevê o seu retorno na mesma matéria), deverá retornar em outro corpo tantas vezes quantas se fizerem necessárias, a fim de prosseguir no seu aperfeiçoamento. É o que o Espiritismo chama de processo reencarnatório, e que significa pluralidade de existências do mesmo espírito em corpos diferentes, conforme os dizeres do apóstolo Paulo: "aos homens está ordenado não morreram uma só vez". Como essa separação às vezes é feita de maneira lenta, pode ocorrer que o corpo, estando ligado ao espírito apenas por um tênue fio, aparente estar morto, motivo pelo qual costumamos nos referir a um moribundo, dizendo que ele está "com a vida por um fio".

Não obstante a possibilidade de em alguns casos o espírito poder retornar imediatamente à vida, essa volta normalmente fica condicionada a um longo intervalo de tempo. É preciso, ainda, deixar bem claro que para haver a reencarnação, é necessário que a morte tenha realmente ocorrido. É imprescindível que tenha havido a total separação entre o espírito e a matéria, sem a qual não há que se falar em reencarnação.

A palavra ressurreição, conforme já foi dito, quer dizer voltar à vida, ou seja, ter uma vida nova no mesmo corpo, fato esse que a ciência já comprovou ser totalmente impossível, já que o corpo, após a morte e, no prazo de algumas horas começa a entrar na fase de putrefação, que nada mais é do que o apodrecimento, a decomposição da matéria.

O insigne escritor e dedicado estudioso da Doutrina Espírita, João Demétrio Loricchio[14] afirma que: "não existe um só caso comprovado pela ciência, de que a pessoa morreu com o seu corpo físico e depois retornou com o mesmo corpo". Wlademir Lisso, reiterando essa afirmativa, esclarece que: "A ciência já demonstrou que a ressurreição da carne não pode ser admitida dentro do seu conceito vulgar, pois o cadáver, uma vez decomposto e restituído ao grande laboratório da natureza, não poderá ser reconstituído, pois contraria as Leis Divinas que regem a formação e transformação da matéria."

Sendo o corpo material formado por células, e essas, por sua vez, compostas por moléculas orgânicas energéticas, levando-se em conta a teoria de Lavoisier, de que "na Terra nada se cria e nada se perde, tudo se transforma incessantemente", a energia formadora das moléculas irá retornar ao todo universal, ali permanecendo até encontrar outra que lhe seja afim, para depois, juntar-se a ela e formar um novo tipo de matéria, motivo pelo qual muitas vezes nos deparamos com pessoas que embora não possuam nenhum tipo de parentesco biológico, são muito parecidas. É por isso que o homem nasce, cresce, transforma-se e volta à causa primária, deixando apenas reminiscências de sua última forma, mas conservando uma partícula essencial, imutável e imortal.

Já dissemos anteriormente, que somente existe vida material quando o espírito está ligado à matéria. Mas, em que momento essa ligação ocorre?

No Tibete, considera-se o início da vida no momento da concepção, e não do nascimento; logo, o bebê nasce com nove meses e, três meses depois, ele completa um ano de vida. Portanto, se a ligação acontece a partir da concepção, ou seja, no momento em que o espermatozóide ingressa no óvulo formando o ovo, é de se concluir que é nesse instante que ocorre a encarnação, ou reencarnação, e quando essa ligação é rompida, ou seja, quando a separação entre ambos se completa, ocorre a morte, não havendo mais possibilidade do espírito retornar àquele corpo.

A doutora Marlene Nobre, em sua obra "O clamor da vida" nos ensina que "embora sem noção total dos fatos, por força do processo de encarnação, o embrião tem vida emocional própria. O feto é um ser que sente emoções, experimenta prazer, dor, tristeza, angústia ou bem estar e tem um relacionamento intenso com a mãe, sendo capaz de captar os seus estados emocionais, e perceber quais são os sentimentos de afetividade dela em relação a ele."

O cientista americano Karl E. Muller, no seu livro "Reencarnação baseada em Fatos", cuja obra foi traduzida para o português por Hary Meredig, e supervisionada por Hernani Guimarães Andrade, narra a história de um jovem de dezenove anos, casado, cuja esposa estava grávida de dois meses, ocasião em que ele veio a desencarnar vítima de cólera. Tempos depois, a viúva e futura mãe teve um sonho, no qual seu falecido marido lhe aparecia dizendo que ele iria renascer no corpo do filho que ela estava esperando. Ele teria acrescentado ainda que para fins de identificação, traria uma cicatriz na cabeça, e que também não tomaria o seu leite materno.

De fato, nasceu o filho e com uma cicatriz na parte posterior da cabeça, o qual, todas as vezes que lhe era oferecido o peito, ele se recusava a sugar o leite da mãe, assim permanecendo durante todo o período de amamentação. Aos cinco anos de idade, quando já conseguia se expressar corretamente, o menino revelou à sua mãe, como se fosse um grande segredo, que ele era o seu marido e, quando se tornou adulto, apresentou grande aparência com o pai.

Existem alguns casos atestando a ocorrência de nascimento nos próprios descendentes, porém, a reencarnação no corpo do próprio filho e, já estando ele gerado há dois meses, se é que assim ocorreu, é uma raridade. Do ponto de vista espírita, o acontecimento é totalmente impossível, uma vez que o espírito começa a tomar o corpo físico, como vimos, no momento da fecundação do óvulo. Nesse momento ele começa a passar por um processo de miniaturização de seu perispírito e, daí em diante, começa a interpenetração no corpo de sua futura mãe durante o período de gestação. Logo, o feto possui um espírito desde os primeiros minutos de vida uterina.

Não nos cabe, entretanto, o direito de constatar esse acontecimento como impossível, devemos sim, estudar, pesquisar e analisar de maneira profunda e sensata o fato em si, enfim, preocuparmo-nos em verificar como pode acontecer. É preciso investigar, por exemplo, se não foi o espírito do próprio filho que apareceu para a mãe, dizendo ser o pai. Portanto, antes de emitir qualquer juízo, é necessário que o assunto tenha sido rigorosamente estudado, para que não se corra o risco de uma falsa opinião, ou de uma afirmativa incorreta.

Alguns podem pensar que a fé na Lei da Reencarnação seja um privilégio conferido aos sábios e letrados. Não é verdade, e podemos confirmar esse equívoco, citando uma passagem do Evangelho, onde consta que na época em que Jesus pregava os seus ensinamentos, havia um grupo de judeus – os fariseus – extremamente orgulhosos em virtude do grande conhecimento que tinham da lei. Tais doutores, por diversas vezes testaram o Mestre para verificar se Ele compreendia corretamente a lei, e a interpretava como eles. Jesus, com a simplicidade que o caracterizava, sempre demonstrava que a conhecia totalmente, bem como sabia dos seus propósitos, com respostas que os deixavam confusos. Jesus Cristo, conversando com um deles, disse-lhe que para alcançar o Reino de Deus, era preciso nascer de novo. Nicodemos, que era um poderoso membro do Sinédrio, não obstante ser um mestre especial e doutor da lei, a fé que depositava nas coisas sagradas não era suficiente para que ele acreditasse naquilo que Jesus dizia, sob a justificativa de que seria impossível um homem voltar ao ventre materno. Indignado, Jesus lhe respondeu que, sendo ele um mestre em Israel, e tendo estudado os textos sagrados, deveria conhecer os mecanismos da reencarnação.

O Evangelho, em uma de suas passagens, nos conta a história de um amigo de Jesus Cristo, chamado Lázaro, filho de Simão, que vivia em companhia de seu pai e de suas irmãs Marta e Maria, em uma cidade denominada Betânia, localizada há cerca de três quilômetros de Jerusalém. Certo dia, estando Jesus confabulando com seus apóstolos, foi procurado por Marta, a qual lhe informou que Lázaro havia morrido, já tendo sido sepultado. O Mestre, dirigindo-se aos seus discípulos, comunicou-lhes que iria retornar a Betânia, pois que Lázaro dormia e precisava ser acordado. Pedro, um dos apóstolos, virando-se para Jesus, ponderou que, se Lázaro estava dormindo, logo acordaria, não sendo necessária a sua ida até ele, tendo o Mestre respondido: "Lázaro está morto."

Ainda conversando com Marta, para consolá-la, Jesus lhe disse que seu irmão ressuscitaria, tendo ela respondido que isso ocorreria sim, mas no dia do Juízo Final. Jesus, novamente ponderou dizendo: "Eu sou a ressurreição, eu sou a vida". Depois de quatro dias, Jesus compareceu à gruta onde Lázaro havia sido sepultado e, mandando que fosse retirada a pedra que tampava a entrada, ordenou: "Lázaro, levante-te, sou eu que te ordeno." Lázaro, que jazia sobre uma pedra, levantou-se e saiu, tendo o Mestre ordenado que lhe fossem retiradas as faixas que envolviam o seu corpo, ocasião em que Marta observou que, estando seu irmão ali sepulto por mais de quatro dias, seu corpo deveria estar exalando mau cheiro; no entanto, com a retirada das ataduras, constatou-se que nenhum odor exalava do corpo de Lázaro.

Diante disso, algumas indagações se fazem necessárias:

Sendo Lázaro amigo de Jesus, por que o Mestre esperou quatro dias para ir até ele? Lázaro ressuscitou ou reencarnou? Estando ele sepultado há alguns dias, por qual motivo não apresentou mau cheiro em seu corpo, quando libertado das ataduras? Para responder a essas perguntas, algumas considerações precisam ser feitas:

Em Betânia, muitos dos seus habitantes sofriam de uma doença patológica de insensibilidade ainda desconhecida da medicina daquela época, caracterizada por um sono profundo, na qual o paciente não conseguia se manifestar nem sentir nenhum estímulo exterior, e cuja moléstia é atualmente conhecida como Letargia, que consiste na suspensão total das forças dos órgãos vitais em todo o corpo, dando-lhe a aparência de morte. Naquela época, não havia ainda uma previsão legal de tempo para inumação de corpos, e qualquer pessoa que aparentasse estar morta, era sepultada no prazo de três a quatro horas. Essa situação, ao contrário da catalepsia, onde a suspensão das forças somente ocorre em uma determinada parte do corpo, poderia se prolongar por alguns dias, e por esse motivo, muita gente presumidamente morta, era enterrada naquele estado, como no caso de Ananias e sua mulher, os quais ao serem admoestados por Pedro, pelo fato de terem desviado parte do dinheiro destinado à causa Evangélica, ambos entraram em estado letárgico e, desse modo, foram sepultados.

Sabemos que o corpo material, quando em vida, possui um conjunto de funções que o mantém em atividade, e dentre elas a sensibilidade, ou seja, a reação aos estímulos exteriores ou interiores, a qual é conduzida por um fluido energético provocando a sensação de dor. O que leva à sensibilidade é o fluido perispiritual, e quando o corpo material é acometido de letargia, o perispírito dele se afasta indo alojar-se no espiritual, atraindo para si, quase que totalmente, aquele fluido.

A Doutrina dos Espíritos nos esclarece que, quanto às sensações de prazer e de dor, a matéria é insensível. Somente o espírito experimenta essas sensações, pois durante a vida, qualquer desagregação da matéria repercute na alma, através de uma impressão mais ou menos dolorosa, e, quando ocorre a morte do corpo, estando a alma, dele separada, aquele corpo pode ser mutilado, que nada sente. É por esse motivo que o corpo material, quando entra em estado patológico caracterizado por um sono profundo, suas funções orgânicas vitais, muito embora permaneçam ativas, se apresentam aparentemente obstruídas, pois não se verificando mais a continuação da corrente fluídica, e não havendo mais a sua condução, o ritmo das funções se torna lento, ocorrendo, consequentemente a insensibilidade, fazendo com que o corpo tenha a aparência de um cadáver.

O que os moradores de Betânia ignoravam também, era que nesses casos, apesar da aparência de morte, os órgãos vitais embora em condições precárias, continuam a funcionar e por isso, os laços que unem o espírito ao corpo, recebendo em tempo hábil os cuidados especiais podem ser renovados, e o corpo ao receber o fluido vital que lhe falta faz com que aqueles órgãos voltem a funcionar normalmente. Em ocorrendo uma forte excitação eterna, por pessoa dotada de grandes poderes energéticos, o perispírito será impulsionado ao corpo físico, ocasionando a volta da sensibilidade, verificando-se assim, a suposta ressurreição.

Foi por esse motivo que Jesus Cristo, Espírito perfeito e conhecedor de todos os efeitos da ação magnética, verificou por intermédio de sua extraordinária vidência, cuja visão espiritual dupla devassa os acontecimentos do futuro, que Lázaro também padecia daquela enfermidade, portanto não estava morto, pois os laços espirituais não haviam se desatado totalmente. Sabendo, ainda, que Lázaro, estando acometido daquele estado, dentro de alguns dias despertaria, Jesus propositadamente esperou quatro dias para depois dirigir-se ao local onde o seu amigo havia sido sepultado, e ali, com o poder de sua vontade, transmitiu-lhe uma enorme quantidade de energias fluídicas, o que facilitou a reintegração de sua alma ao organismo físico. Desse modo, quando o mestre disse aos seus discípulos que Lázaro dormia, foi tão-somente pelo fato de que eles, desconhecendo aquela modalidade de moléstia, não poderiam entender o que estava se passando, o que o obrigou a dizer que Lázaro havia morrido. Pelo mesmo motivo, o Mestre obtemperou a Marta que Lázaro ressuscitaria; portanto, Lázaro não ressuscitou e nem reencarnou, simplesmente foi despertado de um sono letárgico, em outras palavras, o que ocorreu foi a cura de uma doença.

Por fim, não se verificou com a saída de Lázaro do sepulcro, o odor característico de cadáver, previsto por Marta, pelo simples fato de que, não tendo ocorrido o rompimento total dos laços que unem o corpo físico ao espírito, não ocorrerá a morte, e assim sendo, a matéria não teria entrado em decomposição, não podendo portanto, exalar nenhum cheiro.

Outro exemplo, e que está contido no Evangelho, refere-se ao chefe de uma sinagoga, cujo nome era Jairo. Encontrava-se Jesus falando a uma multidão, quando foi procurado por Jairo que, humildemente ajoelhou-se aos pés do Mestre e implorou que Ele fosse até a sua casa, para salvar a sua filha que estava prestes a morrer. Quando Jesus ouvia os apelos daquele pai desesperado, alguém ali apareceu e pediu para que Jairo não mais incomodasse o Mestre, pois que a menina tinha morrido. Porém, Jesus, ao conhecer a notícia, dirigindo-se a Jairo disse: "Não temas, crê somente, e tua filha será salva." E, em seguida, acompanhado de Pedro, João e Tiago, Jesus foi ver a menina, e lá chegando, disse aos pais: "Não choreis, ela não está morta, apenas dorme". Em seguida, aproximando-se da cama onde a menina estava deitada, disse em voz alta: "Menina, levanta-se." Imediatamente ela levantou-se e Ele mandou que lhe dessem comida.

Maria Madalena Naful,[23] em uma de suas matérias, relata que a grande médium brasileira Yvonne do Amaral Pereira, quando completava um mês de vida sofreu uma crise de tosse, seguida de sufocação, tendo sido considerada morta. Durante seis horas consecutivas ela permaneceu em rigidez cadavérica, o corpo arroxeado, a boca cerrada, sem respiração e sem pulso. Acreditando que estava realmente sem vida, a recém-nascida foi amortalhada pela família e preparada para o sepultamento. No entanto, sua mãe, mulher provida de muita fé e não acreditando que a filha estivesse morta, em fervorosa prece rogou à mãe de Jesus para intervir junto a Deus no sentido de que a filha voltasse a si, se não estivesse morta. Após a invocação, aproximou-se do corpo da menina acariciando-a por várias vezes como se estivesse transmitindo energias novas através de passes, tendo a criança dado um grito, seguido de choro e, em seguida, saído completamente daquele estado.

Um outro fato que não deixa dúvida quanto à probabilidade da reencarnação, vamos encontrar na afirmativa do profeta Malaquias, feita no ano 450 a.c., quando ele profetizou que o maior e mais responsável de todos os profetas viria à Terra, porém, antes dele, um mensageiro seria enviado, a fim de preparar-lhe os caminhos. Esse seria Elias que, realmente, depois de alguns anos, veio e apesar da escassez de informações a seu respeito, segundo o Evangelho, sabe-se que a sua passagem pelo nosso planeta foi marcada pelo fato de ter ele, antes de ser executado, mandado decapitar, implacavelmente, os quatrocentos sacerdotes adoradores do deus Baal.

Séculos mais tarde, o casal Zacarias e Isabel foi agraciado com a chegada do filho que recebeu o nome de João, o qual depois de adulto, por converter os corações dos homens rebeldes e a prudência dos justos, tornou-se um grande e respeitável homem, com a missão de preparar um povo bem disposto para o Senhor. Alguns pensavam que João Batista era o filho de Deus, cuja vinda fora profetizada por Malaquias, porém ele negava e, enquanto batizava os fiéis, dizia-lhes que os batizava com água para o arrependimento, mas aquele que viria depois, era mais poderoso do que ele e os batizaria com o Espírito Santo.

João Batista, pelas suas qualidades morais, conquistou a simpatia de todos, inclusive do rei Herodes; no entanto, essa amizade foi abalada pelo fato de que João, sabendo que aquela sua majestade se interessara pela própria cunhada, Heródias, esposa de seu irmão Filipe, admoestou-o dizendo que não era lícito ele possuí-la. Essa reprimenda ocasionou um enorme descontentamento no soberano e na sua amada, e,

Herodes, sentindo-se ofendido pensou em matá-lo, somente não o fazendo em razão do receio de que tal atitude pudesse revoltar o povo que muito admirava João, acreditando que ele e Elias eram a mesma pessoa.

O casal Filipe e Heródias tinha uma filha que era excelente dançarina e no dia do aniversário do rei Herodes, para homenagear o tio aniversariante, a moça ofereceu-lhe uma espetacular dança sensual que o deixou muito contente, e em sinal de agradecimento, ele mandou que ela lhe fizesse um pedido ao qual atenderia, seja qual fosse, com o maior prazer. A moça, indecisa e sem saber o que pedir, resolveu consultar a mãe, e esta, movida pela sede de vingança, aconselhou-a a pedir a cabeça daquele seu desafeto. O pedido foi atendido, culminando com a trágica morte de João Batista, que foi decapitado, tendo sua cabeça sido entregue à dançarina em uma bandeja.

Tempos depois, Jesus Cristo, quando pregava o Evangelho aos seus discípulos, perguntou-lhes quem os homens achavam que teria sido o Messias prometido, obtendo a resposta que, para uns era Elias e para outros seria João Batista. Jesus então, novamente indagou: "E eu, quem achas que sou"? O apóstolo Pedro respondeu que Jesus era o verdadeiro filho de Deus. O Mestre, com muita sabedoria, afirmou que Pedro era bem aventurado, pois recebera aquela resposta, não da carne e do sangue, mas sim do Pai que está no Céu.

Houve muita contestação porque os escribas diziam que Elias deveria vir primeiro, porém Jesus complementou dizendo que realmente Elias teria que vir primeiro, conforme fora profetizado, entretanto, isso já tinha ocorrido, ou seja, ele já viera, mas não tinha sido reconhecido, e por isso havia sido executado. Quanto ao espírito que animara o seu corpo, ele não tinha sido novamente criado, mas sim, retornado em outro diferente, e que se tratava de um espírito de elevadíssima condição, muito embora no Reino do Céu ele fosse um dos menores porque, a despeito de sua grandeza espiritual, ele ainda trazia certos compromissos cármicos em aberto. Os discípulos, finalmente compreenderam que Jesus lhes falava do espírito que anteriormente animara o corpo de Elias, e que havia reencarnado no de João Batista, confirmando assim, o processo de reencarnação que se desencadeara naquele episódio.

Nos séculos V e VI a.C., vivia no norte da Índia um príncipe indiano muito rico, cujo nome era Sidarta Gautama, e que apesar da riqueza que possuía, ele, certo dia, resolveu abandonar tudo e todos, passando a viver isolado e em profunda meditação, estudando sobre tradições religiosas. Depois de muitos anos de estudos, ele começou a transmitir aos jovens de boa vontade, que se mostrassem interessados e possuidores de aptidão para a causa, tudo aquilo que aprendera, motivo pelo qual ficou conhecido como Buda, designação dada àquele que era considerado iluminado. Nas aulas que ministrava aos seus discípulos, Buda se baseava em três pontos fundamentais para se obter resultados positivos: a renúncia; o desenvolvimento de qualidades morais; e a diminuição do lado negativo, e com todo esse conjunto de ensinamentos, que tinha como alicerce a necessidade de compaixão e amor, passou a ser denominado budismo. Os alunos que mais se destacassem na matéria passavam a ser líderes da escola e mestres do budismo, podendo, se fossem considerados reencarnações de outros mestres, receberem o título de "Dalai Lama", que significava oceano de sabedoria.

Em 1992, Michel Calmanowitz, um menino de doze anos, que morava em São Paulo com sua família, da mesma forma, também deliberou deixar de lado a boa e nababesca vida que levava, e foi para a Índia dedicar-se ao estudo do budismo, onde mais tarde, tornou-se mestre. No ano 2000, mudou-se para a Itália, onde atualmente com vinte e quatro anos de idade, cumpre a missão de Dalai Lama. Aqueles que o conhecem de perto afirmam, categoricamente, tratar-se da reencarnação do grande mestre Guelong Wanguela, desencarnado há muitos anos. Para essas pessoas, as evidências apresentadas, ou seja, a sua simplicidade, a sua dedicação, a sua maneira eloquente de se expressar, e especialmente, a sua renúncia aos prazeres mundanos, não deixam a menor dúvida de que se trata do mesmo espírito que retornou à existência material para dar continuidade à sua obra.

Para marcar os quatro anos dos atentados terroristas nos Estados Unidos, e afastar o sentimento de medo que se espalhou pelos continentes, o Centro de Dharma da Paz, programou uma solenidade de purificação de doenças e desequilíbrios físicos e emocionais (tais como a avareza, a raiva, a ignorância), realizado em Itapevi, no Estado de São Paulo, no qual, Calmanowitz lembrou que os preceitos budistas não pregam a luta contra o terrorismo, mas sim uma atitude positiva de não violência e de cultura de paz, de compaixão, de amor e sabedoria, lembrando, ainda, que Mahatma Gandi libertou seu país do domínio inglês, pregando apenas a paz. "Não se deve responder a ações terroristas com novas guerras", diz ele, pois, "responder violência com violência, gera um círculo que não tem fim."

Outro exemplo, que não deixa dúvidas quanto à veracidade do processo reencarnatório, vamos encontrar no grupo espírita do "Núcleo Espírita Fraterno Samaritano", localizado no município de Macaé, no Rio de Janeiro, onde uma das mentoras espirituais que ali atua junto às gestantes, identifica-se, através de uma médium, como sendo o espírito da irmã Scheila. Mas, quem teria sido essa irmã Scheila?

No dia 28 de janeiro de 1572, na cidade de Dijon, na França, nasceu Joana Francisca Fremiot, que casando-se muito cedo, aos vinte anos ficou viúva e com quatro filhos para cuidar. Apesar das grandes dificuldades e privações por que passava, nem por isso Joana desanimou, e foi a partir das dores que sentiu com a morte do seu esposo, que, reconhecendo a necessidade de outros que como ela, precisavam de consolo, começou a partilhar o seu tempo entre orações, obras de caridade e seus deveres como mãe, até que não mais resistindo aos sofrimentos, em 13 de dezembro de 1641, portanto, com sessenta e nove anos de idade, desencarnou.

Anos depois, na Alemanha, mais precisamente na cidade de Berlim, durante a 2ª Guerra Mundial, entre as aflições e angústias dos combates, surgiu uma moça conhecida como irmã Scheila, que muito atuou como enfermeira socorrendo os feridos em qualquer lugar e a qualquer hora. Essa enfermeira, ao que consta, tinha muita semelhança com Joana Francisca, pois, era simples, meiga, dedicada, esquecia-se de si mesma pensando somente na responsabilidade de auxiliar o próximo, atitude essa que refletia a grandeza do seu espírito. Em 1943, no meio de um bombardeio, irmã Scheila, sem demonstrar nenhum temor, corajosamente atravessou os campos de batalha para socorrer os feridos que pediam ajuda, até que, no meio da artilharia, junto com vários soldados, ela, fiel, destemida e amiga, ali tombou, sacrificando a sua própria vida em socorro dos necessitados.

Irmã Scheila, como não poderia deixar de ser, jamais deixou de prestar socorro aos necessitados, pois depois de desencarnada, ela vinculou-se às falanges que, em nome de Jesus Cristo, atuam no Brasil, e nos trabalhos daquele núcleo espírita, sempre comparece através de uma médium, onde com o mesmo sotaque alemão, a mesma simpatia, delicadeza e meiguice que a caracterizou como enfermeira, ali se faz presente para atender aos apelos dos que lhe pedem ajuda espiritual. Diante desses e de tantos outros inumeráveis exemplos, parece-me estar devidamente comprovada a veracidade do processo reencarnatório, não restando nenhuma dúvida quanto à possibilidade de um espírito desencarnado voltar ao mundo material.

O espírito, como dissemos anteriormente, quando retorna à vida material, o faz como expiação, no objetivo de resgatar dívidas passadas; para cumprir uma missão; ou para dar continuidade às tarefas que não puderam ser concluídas no pretérito. A reencarnação, portanto, ajuda-nos a alcançar a verdadeira paz, permitindo-nos refazer os caminhos enganosos em que nos colocamos tantas vezes na vida, e reencontrar aqueles a quem precisamos aprender a amar. Não obstante, a própria Lei, numa demonstração nítida da sabedoria divina e com justa razão, em regra não permite, na maioria dos casos, que aquele espírito que reencarnou se recorde de sua identidade na existência passada, cuja lembrança poderia tornar-se um obstáculo à sua caminhada terrena.

Portanto, esse desconhecimento de quem fomos anteriormente, nada mais é do que uma das providências das Leis Naturais, que demonstra a misericórdia que Deus tem para com todos os seus filhos, e cujo esquecimento momentâneo tem como objetivo encobrir faltas cometidas no passado, as quais, sendo relembradas, poderiam se repetir sucessivamente, tornando-se uma bola de neve. O que pode ocorrer, mas com raríssimas exceções, é que ele tenha uma vaga lembrança do que se passou com ele na encarnação anterior, sendo que essa recordação vai se tornando mais acessível, na medida em que o espírito vai evoluindo.

O Livro dos Espíritos nos ensina que, quanto mais evoluído um espírito, mais acesso ao pretérito ele tem.[11] O Espírito Emmanuel, em uma mensagem psicografada por Chico Xavier, esclarece que: "Antes do regresso à experiência no Plano Físico, nossa alma, em prece, roga ao Senhor a concessão da luta para o trabalho de nosso próprio reajustamento." "Solicitamos a aproximação de antigos desafetos". "Suplicamos a presença de verdugos com que cultivamos o ódio, para tentar a cultura santificante do amor".

Com a sucessão de vidas, o espírito obtém a chance de um novo encontro, para, novamente, equilibrar o que foi desequilibrado, e é nesse momento que o esquecimento do passado se faz necessário, pois é o único meio para que a reconciliação se realize, visto que, sem ele, retornariam às nossas lembranças os sofrimentos causados pelos nossos algozes, o que certamente, aumentaria ainda mais o nosso rancor, frustrando assim, todo um plano elaborado antes de iniciar o processo reencarnatório. Por esse motivo, aquele espírito que já se encontra encarnado, muito embora ainda não tenha grandeza para tal, utilizando o raciocínio lógico, e com base na razão, diante das evidências que se lhes apresentam, se não se deixar atolar na culpa, na raiva ou na vingança, poderá ter uma ideia de quem ele foi anteriormente.

Certa vez, uma mulher fervorosa, seguidora da Doutrina Espírita e trabalhadora do mesmo centro onde Chico Xavier desenvolvia os seus trabalhos mediúnicos, encontrando-se com ele no núcleo, e mesmo conhecendo os ensinamentos ministrados pelo Espiritismo, disse-lhe estar muito feliz porque, depois de várias tentativas, havia descoberto quem ela fora na vida anterior. Afirmando ter sido, há séculos passados, uma dedicada cristã que havia sido perseguida, presa, e, juntamente com outros seguidores dos ensinamentos do Cristo, atirada na arena e devorada por um dos famintos leões, ela indagou se ele, Chico, não tinha curiosidade de saber quem fora anteriormente, já que, pela sua humildade e bondade demonstrada durante toda sua vida, ele poderia ter sido um espírito de alta hierarquia, tendo Chico, na simplicidade que sempre o caracterizou durante toda a sua existência, respondido com a seguinte expressão:

– "Minha querida irmã, isso para mim é um assunto tão irrelevante. Talvez, quem sabe, eu tenha sido simplesmente uma das inúmeras pulgas do leão que a devorou".

A regressão é um assunto muito delicado; é uma faca de dois gumes, pois deixar de pesquisar e estudá-la seria o mesmo que desacreditar na ciência e na própria Doutrina Espírita; estudá-la aleatoriamente, sem nenhuma pretensão séria, por simples curiosidade e sem nenhuma sustentação espiritual, já que é a espiritualidade que permite a sua realização, seria subestimar o perigo.

O Espiritismo tem como incumbência ajudar a iluminar os horizontes do mundo, ajudando o progresso através de combate sistemático a todas as formas de obscurecimento, causadoras do atraso moral e espiritual que se tem verificado em nosso planeta. Entretanto, é preciso deixar bem claro que o verdadeiro espírita, ou seja, aquele que caminha na busca de sua evolução espiritual, não deve se deixar preocupar em saber se em outra vida foi rico ou pobre, branco ou negro, feio ou bonito, homem ou mulher, sábio ou ignorante, se foi um rei ou um plebeu, cujo conhecimento nada lhe trará de útil, pois que, todas as nossas existências pretéritas não estão esquecidas; elas estão junto de nós, momentaneamente ocultas e aguardando o momento propício para serem reveladas.

O que se deve fazer é valorizar o presente, essa verdadeira dádiva que lhe foi concedida pelo Plano Espiritual, refazendo o seu passado e construindo o futuro, procurando aproveitar da melhor maneira possível a oportunidade que lhe está sendo dada, e de modo correto o curto espaço de tempo na existência terrena, já que a vida é apenas um sopro diante da eternidade.

Tudo isso, no sentido de redimir-se de possíveis erros anteriormente cometidos, ou na atual existência, e procurar compreender e seguir os ensinamentos ministrados pelo nosso Irmão Maior, conhecendo e obedecendo as Leis Divinas, para ter a certeza de quem será e como será o seu futuro.

Nota: (Para uma melhor compreensão e um perfeito entendimento de como se desenvolve o processo de reencarnação, recomendamos a leitura atenciosa dos capítulos 13 e 14 do livro "Missionários da Luz", ditado pelo Espírito André Luiz e psicografado por Chico Xavier).

150

5

Conclusão

A dúvida e a incerteza, sempre foram uma constante na história da humanidade, projetando-se desde a sua origem até os dias atuais. Quem somos nós? De onde viemos e para onde vamos? Por que nascemos e por que morremos? Por que um sofrimento tão grande, em uma existência tão pequena? O que fizemos para merecer tanto padecimento e tantas agruras? Por que tudo isso ocorre, se a Justiça de Deus preconiza a isonomia divina entre os homens, ou seja, todos são iguais perante a Lei do Criador? Quais são as justificativas para esses acontecimentos que, quando surgem, um dos primeiros pensamentos que nos vem à mente é o de deixar tudo e desistir? Essas são algumas das inúmeras indagações que o homem faz durante toda a sua existência terrena, e, cuja ausência de respostas lhe causa sofrimentos atrozes.

Realmente, a corrida pela vida é repleta de surpresas, muitas vezes positivas, com sorrisos e festas para uns, mas não tão agradáveis para outros, que veem bater à sua porta situações de sofrimento, colocando-os face a face com sensações de impotência para enfrentar os embates. Durante toda a nossa jornada evolutiva, nos deparamos com incontáveis números de situações, a maioria delas difíceis, supostamente superiores às nossas forças e que exigem de nós muito discernimento para que saibamos resolvê-las da melhor maneira possível. Esses acontecimentos nos sugerem pensar, analisar, buscar e entender o que é a vida para cada um de nós. A vida do ser humano é um minuto diante da eternidade, durante o qual ele sai da noite infinita, procurando ver e saber se o espaço imenso, apesar de aberto diante de si, é um obstáculo. Se essa incerteza demora, o instante da vida passa e ele retorna à noite sem ter visto a verdade.

É sabido que a curiosidade a respeito dos assuntos relativos à realidade espiritual remonta desde a origem da humanidade, porém, com a vinda do grande Mestre Jesus, muitas dessas coisas, até então envoltas em mistério, foram por Ele reveladas. Não obstante, em virtude das precárias condições de entendimento dos homens daquela época, Jesus Cristo não pôde ser compreendido na sua plenitude e, por isso, essas revelações só puderam ser feitas através de parábolas, o que levou muitos deles a interpretá-las de maneira equivocada, mas nem por isso o Cristo deixou em situação de abandono os seus irmãos menos esclarecidos, pois antes de retornar ao Plano Superior, Ele prometeu que um outro Consolador ser-lhes-ia enviado, e que os faria relembrar de tudo o que disse, e lhes ensinaria outras coisas que ainda estivessem obscuras.

Desse modo, em cumprimento à promessa feita pelo nosso irmão Maior, no dia 3 de outubro de 1804, há mais de duzentos anos atrás, na cidade de Lyon, na França, o mundo foi agraciado com a chegada daquele emissário que traria tudo aquilo que fora prometido, o qual recebeu o nome de

Hippolyte Leon Denizard Rivail. Alguns anos depois, mais precisamente no dia 18 de abril de 1857, já na idade adulta, o então professor Rivail, usando o pseudônimo de Allan Kardec e sob a supervisão do Espírito da Verdade, nos trouxe um conjunto de doutrinas filosóficas reveladas pelos Espíritos, que nos deu a confirmação de tudo que constava na promessa feita pelo Cristo, lançando como pedra fundamental a respeito do Espiritismo, a Doutrina Espírita, fazendo sair do conceito abstrato que se tinha a respeito dos problemas espirituais, para que o homem, através da investigação, entrasse na nova fase de evolução, e, consequentemente, fizesse desenvolver em si mesmo a fé raciocinada.

Foi, portanto, para satisfazer essa nossa necessidade, que a Doutrina Espírita surgiu, levantando como bandeira, uma das virtudes muito suas, e que aos homens de boa vontade logo se identificou como ponto de partida de todas as outras, sem a qual as explicações e as justificativas seriam bem mais difíceis, e que encontra respaldo no fundo de todas as suas máximas: a fé raciocinada. Dessa forma, através de uma linguagem simples, a Doutrina dos Espíritos, com sua mensagem consoladora e totalmente apoiada na lógica e no bom senso, nos oferece abençoadas orientações que indicam o caminho que nos levará ao aprimoramento moral, e, consequentemente, à paz interior que tanto buscamos.

Ensina-nos ainda, o Espiritismo, que se desejarmos conhecer a verdade espiritual, devemos investigá-la olhando de dentro para fora de nós mesmos, e, na medida em que aplicarmos a verdadeira e sincera fé, libertando-nos dos grilhões emocionais e físicos, colocando-nos no caminho da felicidade e da paz de espírito, tornamo-nos fortes e vigorosos. Isso porque, mais do que o temperamento, a fé raciocinada mede a elevação da alma, mais do que a beleza, ela dá ao rosto um encanto indizível. É por ela que podemos levar aos desgraçados um socorro eficaz. É pela fé que contribuímos para a felicidade da família, da esposa e dos filhos. Sem a fé, estaríamos entregues aos sofrimentos tristes e odiosos que, para os homens, explicam suas intolerâncias e hostilidades contra as reformas sociais e morais.

Num estudo sério dos fenômenos históricos da religiosidade, fica-se a mercê da razão, trabalha-se para o advento de novas ideias sem temeridade ou intolerância, mas com energia e coragem, por ação calma e refletida, contínua e sem agitação febril. Quando descobrimos que as nossas atitudes são más, e quando postas em prática levam ao sofrimento, à falsidade, à cobiça, ao roubo, ao ódio e à ilusão, devemos abandoná-la. Porém, ao contrário, quando percebemos que elas são íntegras, e quando adotadas levam ao bem estar, à virtude, à honestidade, à boa vontade e à caridade, então devemos segui-las, pois sendo a caridade um dos principais requisitos para se alcançar a salvação, a semente boa plantada nesta vida, será o bom fruto depois dela.

A crença verdadeira é um dos instrumentos de que a Justiça Divina se serve para impulsionar os homens rumo à pureza espiritual, porquanto, conforme preceituou Jesus: "O Reino dos Céus pertence aos misericordiosos, aos pobres de espírito, aos simples de coração", enfim, àqueles que possuem a fé, e todos devem ter a certeza de que, ajudando a si próprios, os Céus os ajudarão. A fé opera em todas as religiões do mundo, e todos podem obter respostas às suas orações, não por causa do credo em particular, das religiões, cerimônias, rituais, sacrifícios ou oferendas, mas unicamente por causa da fé. Por isso Jesus Cristo sempre dizia aos enfermos que curava: "A tua fé te curou".

Àqueles que conseguiram desenvolver a fé no âmbito da lógica e da razão, a Doutrina mostrou, através de um dos seus postulados básicos, qual seja, o da reencarnação, que ninguém sofre sem razão, pois Deus, quando criou os espíritos, os fez simples e ignorantes, mas com o propósito de se instruírem para que, através de lutas e sofrimentos, pudessem atingir a meta por Ele preestabelecida, ou seja, a perfeição. Porém, levando-se em conta que o caminho para se chegar a esse objetivo é longo, impossível de ser percorrido pelo homem em apenas uma existência, por isso, para alcançá-lo, diversas encarnações se mostraram necessárias; portanto, as dores e os percalços a que são submetidos durante as suas vidas terrenas, os sofrimentos e as vicissitudes com que se deparam nessa jornada terrena, se não forem provas, são sempre heranças de erros passados, e dessa forma, devem ser suportados com resignação e conformação, por tratar-se de uma determinação preceituada por uma das normas reguladoras da Natureza, qual seja, a "Lei de Causa e Efeito".

O homem, através dos ensinamentos do Espiritismo, fica sabendo também que, após o reajuste perante a Justiça do Criador, se não houver mais transgressões, estará livre dos laços materiais, ficando, se assim o desejar, isento de novas reencarnações, o que somente ocorrerá se for de sua própria vontade, com o objetivo de auxiliar o próximo. Não experimentará novos sofrimentos e aflições e se aproximará mais do seu objetivo eterno, que é de estar junto de Deus, motivo pelo qual Jesus Cristo disse que: "Bem aventurados os aflitos, porque eles serão consolados".

Muito embora a Doutrina dos Espíritos nos tenha ensinado a fazer florir em nossos corações a fé raciocinada, há muitas outras coisas que ainda não podemos compreender, em razão da limitação da nossa inteligência, entretanto, quando tivermos desenvolvido dentro de nós, e de maneira mais abrangente, a fé viva e racional, saberemos o que Deus quis ensinar-nos quando, por intermédio do seu Maior Mandamento, nos disse para amá-Lo sobre todas as coisas e ao nosso próximo como a nós mesmos, e entenderemos também o significado das palavras de Jesus Cristo, quando afirmou que a fé remove montanhas. Dessa forma, quando formos detentores dessa fé, aprenderemos a orar com o coração, e quando soubermos orar com o coração, seremos felizes, e sendo felizes, nos transportaremos aos planos superiores da espiritualidade.

Assim sendo, se levarmos em conta tudo o que foi visto, pesquisado e analisado, nenhuma dúvida nos restará quanto à imprescindibilidade da fé na vida de cada um de nós. Ela é tão necessária à nossa permanência na Terra como o ar que respiramos; como a água que bebemos para saciar a nossa sede; como o alimento que ingerimos para nutrir o nosso organismo. Ela nos induz à prática da caridade e ao combate ao vício que corrói e mata, que se caracteriza na pseudofelicidade e na grandeza, que não passam de concepções abstratas que o coração recebe por condescendência, por ignorância, ou por tradução, mas que não tem acesso à inteligência. Ela nos faz pensar e nos transforma em apóstolos de verdades novas, isentos de preconceitos, de fraquezas e de leviandade de espírito. Nela aprendemos que temos que nos exercitar, para sabermos praticar a virtude com denodo e persuasão.

Ela nos faz crer que os fracassos da vida não deixam de ser momentos de ilusão.

A falta de fé nos leva ao desânimo, que sempre traz grandes prejuízos para nossas vidas; impede o nosso crescimento, pois carrega consigo a negação da vida espiritual prometida pelo Cristo; apaga as chamas das relações, pois a única vontade dos desanimados é o isolamento do outro. A verdadeira fé é viva e prospera no coração daquele que ama incondicionalmente a todos, não somente os que lhe agradam, mas também, os que precisam do seu amor, pois, para percorremos nosso caminho evolutivo, é necessário usarmos a força do amor e da caridade.

Somente a fé preenche as lacunas da existência, só ela nos orienta nas vicissitudes da vida, e portanto, ela deve ser um dos objetos da nossa maior dedicação. Trabalhar para a conquista da fé, é trabalhar pelo nosso próprio engrandecimento; é dedicar-lhe o que melhor temos; é fazer justiça ao grande benefício de nos libertarmos das dores e sofrimentos ocasionados pelo maior inimigo da humanidade, a ignorância, conforme definiu o apóstolo Paulo: "A fé é o fundamento firme das coisas que se esperam e a prova das coisas que não se veem. Ela é uma força que emana da própria alma, a certeza intuitiva da sabedoria de Deus que se reflete na perfeição de tudo o que existe. É a força que impulsiona as ações humanas em todos os setores da vida." Desse modo, será através da fé que avistaremos o caminho para uma vida nova de paz e de benção espiritual.

Uma antiga fábula nos conta que, num país que estava em guerra, havia um rei que causava muito espanto a todos. Sempre que ele fazia prisioneiros, não os matava. Levava-os a um salão onde havia um grupo de arqueiros de um lado, e uma imensa porta do outro. Nesse salão, ele os fazia enfileirarem-se em circulo e os mandava escolher entre morrerem flechados pelos arqueiros, ou passarem por aquela porta. Todos escolhiam serem mortos pelos arqueiros. Ao terminar a guerra, um soldado dirigiu-se ao soberano e perguntou o que havia por detrás daquela porta assustadora. O rei, então mandou que ele mesmo abrisse a porta e visse. O soldado abriu a porta vagarosamente e, à medida que o fez, raios de sol foram adentrando e clareando aquele ambiente. Finalmente, ele descobriu, surpreso, que a porta se abria para um caminho que conduzia à liberdade. Os prisioneiros tinham a opção, mas preferiam morrer flechados a arriscarem-se a abrir a porta. O mesmo acontece conosco. Quantas portas nós deixamos de abrir pela falta de fé e pelo medo de arriscar? Quantas vezes perdemos a liberdade e os sonhos apenas por não termos fé, e acabamos morrendo por dentro por causa do medo de abrirmos a porta de nossa própria liberdade e dos nossos próprios sonhos? A falta de fé gera a insegurança, e essa, por sua vez, é uma péssima conselheira, pois transforma nosso caminho numa série infindável de fracasso.

Portanto, a porta para nós já está aberta; é hora de iniciar a busca, e o caminho evolutivo ao qual estamos sempre sendo convidados a trilhar, ainda é a fé. A caminhada pode parecer difícil, mas não é; e, assim sendo, pode entrar em paz e sem nenhum receio, na certeza de que, lá dentro, braços amigos estarão a sua espera para recebê-lo com muito amor e carinho.

"Que a doce paz do Mestre Jesus esteja no coração de cada um de nós".

Fim

Bibliografia

1. **ARMOND**, Edgar – "Exilados da Capela" – Lake – SP – 1978.
2. **BRAGA**, Rubens – Espaço Holístico Fenix nº 51 – SP – 2000.
3. **DAVIS**, Andrew Jackson – "Princípios da Natureza" – tradução de Julio Abreu Filho – Pensamentos – SP.
4. **DIVERSOS**, Autores – "Curso Básico de Espiritismo" – FEESP-SP – 1996.
5. **DELANE**, Gabriel – "A Evolução Anímica" – Tradução de Manuel Quintão – 4. ed. – FEB – RJ – 1976.
6. **D'OLIVIO**, Natalino – "Da Gênese ao Apocalipse" – FEESP – SP – 1984.
7. **DENIS**, Leon – "Ser, Destino, Dor" – Edicel – SP – 1985.
8. **ESPÍRITA**, Revista Universo – nº 54 – SP – 2008.
9. **FILHO**, Amilcar Del Chiaro – "Tirando Dúvidas" – Mundo Maior – SP – 2001.
10. **FUZEIRA**, José – "Judas Iscariótes" – 3. ed. – ECO – RJ.
11. **KARDEC**, Allan – "O Livro dos Espíritos" – tradução de José Herculano Pires – 53. ed. – Lake – SP – 1993.
12. "O Evangelho Segundo o Espiritismo" – tradução de José Herculano Pires – 43. ed. – Lake – 1994.
13. **KULCHESKI**, Edvaldo – Revista Cristã de Espiritismo nº 2 – SP – 2001.
14. **LORICCHIO**, João Demetrio – "Um tratado da Vida" – 1. ed. – Mundo Maior – SP – 2005.

15. **LISSO**, Wlademir – "Doação de Órgãos e Transplante" – 1. ed. – FEESP – SP – 1998.

16. **MAGALHÃES**, Rogério – "Revista Cristã de Espiritismo" – SP – 2001.

17. **MAIA,** Sergio Leal – Revista Planeta nº 1 – SP – 1986.

18. **MIRANDA**, Hermínio C. – "A Reencarnação na Bíblia" – Pensamentos – SP – 2001.

19. "Reencarnação e Imortalidade" – FEB – RJ – 1983.

20. **MORAES,** Bismael Batista de – "Pena de Morte e Cremação Numa Visão Espírita" – DPL – SP – 2001.

21. **MOREIRA**, Afonso Jr. – Revista Além da Vida nº 25 – RJ

22. **MURPHY,** JOSEPH – o Poder do Subconsciente – 38. ed. – Tradução de Pinheiro de Lemos – RJ – 1994.

23. **NAFUL,** Maria Madalena – Revista Cristã de Espiritismo nº 44 – SP – 2006.

24. **OLIVEIRA**, Carolina Rennó Ribeiro de – "Biografia de Personalidades Célebres" – Ed. Do Mestre – 9. ed. SP.

25. **PEREIRA**, Yvonne A. – "Nas Voragens do Pecado" – 7. ed. – FEB – RJ – 1995.

26. "Devassando o Invisível" – 7. ed. – FEB – RJ – 1987.

27. **PEREIRA,** Eliomar Rodrigues – A Gazeta da Zona Norte – SP – 2005.

28. **PIRES**, José Herculano – "Lázaro" – 5. ed. – Edicel – DF – 1979.

29. "Arigó, Vida, Mediunidade e Martírio" – Edicel – SP.

30. **RIGONATTI**, Eliseu – "A Mediunidade sem Lágrimas" – Pensamentos Ltda. – SP.

31. **ROMANO,** Maria Aparecida – Revista Cristã de Espiritismo nº 45 – SP – 2007.

32. **TAHAN**, Malba – "O Homem que Calculava" – tradução de Breno Alencar Bianco – Conquista – 18. ed. – RJ – 1958.

33. **TORTORELLI,** Antonio Francisco – "Questões de Coerência" – Tribuna Paulista – SP – 2007.

34. **XAVIER,** Francisco Cândido – "Há 2000 Anos" (pelo Espírito Emmanuel) – 39. ed. – FEB – RJ – 2001.

35. "Missionários da Luz" – (pelo Espírito André Luiz) – 33. ed. FEB – RJ – 2000.

36. "Nosso Lar" – (pelo Espírito André Luiz) – 49. ed. – FEB – RJ – 1999.